Zentrum

Norden

Südwesten

Osten

An der Playa de Guayedra (Tour 10)

Gran Canaria

Alle Informationen, schriftlich und zeichnerisch, wurden nach bestem Wissen zusammengestellt und überprüft. Sie waren korrekt zum Zeitpunkt der Recherche. Eine Garantie für den Inhalt, z. B. die immerwährende Richtigkeit von Preisen, Adressen, Telefon- und Faxnummern sowie Internetadressen, Zeit- und sonstigen Angaben, kann naturgemäß von Verlag und Autor – auch im Sinne der Produkthaftung – nicht übernommen werden.

Der Autor und der Verlag sind für Lesertipps und Verbesserungen (besonders per E-Mail) unter Angabe der Auflagen- und Seitennummer dankbar.

Dieses OutdoorHandbuch hat 160 Seiten mit 66 farbigen Abbildungen, 27 farbigen Kartenskizzen im Maßstab 1:25.000/1:50.000 sowie 22 farbigen Höhenprofilen und einer farbigen, ausklappbaren Übersichtskarte. Es wurde auf chlorfrei gebleichtem, FSC®-zertifiziertem Papier gedruckt, in Deutschland klimaneutral hergestellt und transportiert und wegen der größeren Strapazierfähigkeit mit PUR-Kleber gebunden.

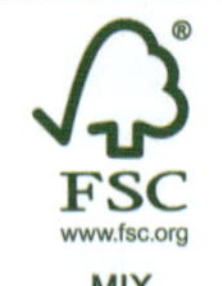

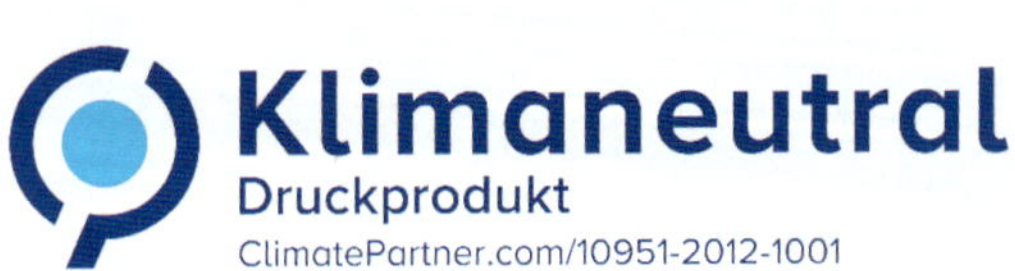

Dieses Buch ist im Buchhandel und in Outdoor-Läden erhältlich und kann im Internet oder direkt beim Verlag bestellt werden.

OutdoorHandbuch aus der Reihe „Regional“, Band 450

ISBN 978-3-86686-638-6 1. Auflage 2021

Text und Fotos: Thorsten Günthert
Karten: Johann Janssen
Lektorat: Anna-Lena Ebner
Layout: Ricarda Kuschma

Gesamtherstellung: gutenberg beuys feindruckerei

Dieses OutdoorHandbuch wurde konzipiert und redaktionell erstellt vom:

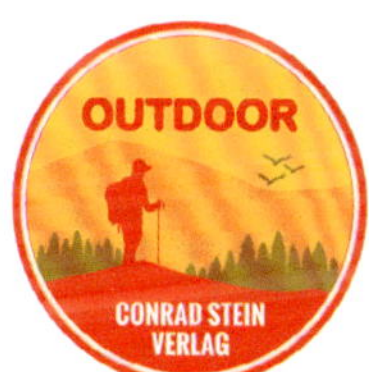

Conrad Stein Verlag GmbH, Kiefernstr. 6, 59514 Welver,
☏ 023 84/96 39 12,
info@conrad-stein-verlag.de,
www.conrad-stein-verlag.de

Besuchen Sie uns bei Facebook & Instagram:

www.facebook.com/outdoorverlag

www.instagram.com/outdoorverlag

Titelfoto: Am Abzweig auf den Rundweg im Barranco de Azuaje (Tour 13)

Inhalt

Einleitung

Wandern auf Gran Canaria, das bedeutet, feuchte, urwaldartige Schluchten zu durchwandern, karge, sonnenverbrannte Felsen zu überschreiten und im Sand der Atlantikküste die Seele baumeln zu lassen. Lange Zeit galt Gran Canaria in Deutschland lediglich als angestaubtes Urlaubsziel für überwinternde Rentner. Seit den 2000er-Jahren entdecken aber auch immer mehr sportlich ambitionierte Urlauber die Vorteile der Insel für sich. Seit den 70er-Jahren hat sich Gran Canaria, die drittgrößte der Kanarischen Inseln, zu einer Hochburg des Pauschaltourismus entwickelt.

Die günstige Lage vor der afrikanischen Westküste im Kanarenstrom, einem Ausläufer des Golfstroms, sorgt für ganzjährig mildes Klima. Während in Mitteleuropa Väterchen Frost Einzug hält, können Sie auf Gran Canaria auch in den Wintermonaten ein angenehm warmes Klima und viel Sonne genießen. Zusätzlich trifft von Nordosten der Passatwind auf die Insel. Die Wolken stauen sich an den fast 2.000 m hohen Bergen im Inselinneren. Dadurch regnet es im Norden sehr häufig, während der Niederschlag nur selten bis in den trockenen Süden vordringen kann. Aufgrund dieser klimatischen Besonderheiten wird Gran Canaria gerne als „Miniaturkontinent" oder „Insel des ewigen Frühlings" bezeichnet.

Im Barranco del Risco (Tour 11)

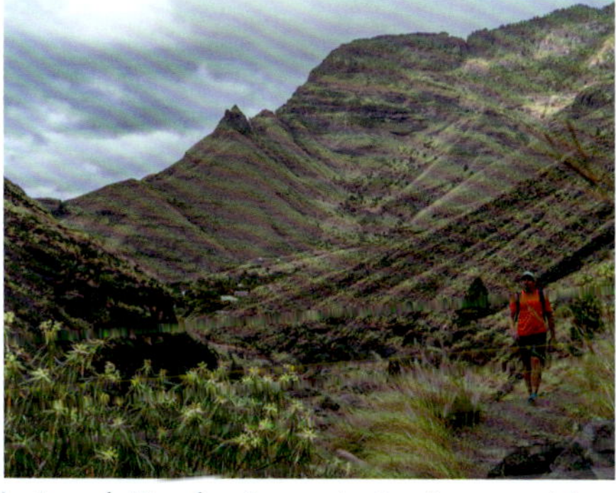

Die Flora und Fauna der Kanaren haben sich perfekt an diese klimatischen Besonderheiten angepasst. Viele Tier- und Pflanzenarten kommen sogar ausschließlich auf Gran Canaria vor.

Durch den vulkanischen Ursprung ist die Insel nahezu kreisrund. Von den Bergen im Inselinneren ziehen sich tiefe Schluchten, sogenannte *barrancos*, bis hinab an die Küste. Der überwiegende Teil der einheimischen Bevölkerung konzentriert sich auf den Norden der Insel. Das Landschaftsbild ist geprägt von Orten und kleinen Städten, die sich an die grünen Hänge der auslaufenden Berge schmiegen. Im Nordosten befindet sich Las Palmas, die Hauptstadt Gran Canarias. Das ganzjährig milde Klima ermöglicht im Norden den Anbau zahlreicher Agrarerzeugnisse, die nicht nur vor Ort verbraucht, sondern auch aufs Festland exportiert werden.

Im Inselinneren treffen die klimatischen Gegensätze aufeinander. Nicht umsonst ist gerade diese Region bei Wanderern sehr beliebt. Karge Flächen, die nur von Agaven und Wolfsmilchgewächsen erobert werden können, wechseln sich mit herrlich duftenden Kiefernwäldern ab. Nicht selten reicht der Blick beim Wandern über die Gipfel und das Meer hinaus zur Nachbarinsel Teneriffa.

Der Anblick des Südens hingegen ist charakterisiert von verbranntem Vulkangestein. Wenn überhaupt, regnet es nur wenige Tage im Jahr. Kaum eine Pflanze schafft es, sich hier dauerhaft zu etablieren. Das landschaftliche Highlight des Südens sind die Dünen von Maspalomas. Rund um die imposante Wüstenszenerie haben sich die bekannten Touristenorte Maspalomas, Playa del Inglés und Meloneras versammelt. Sie bilden das Zentrum des Tourismus auf Gran Canaria.

Der Anspruch dieses Wanderführers ist es, Ihnen die facettenreiche Insel Gran Canaria näherzubringen. 26 ausgewählte Touren mit unterschiedlichen Schwierigkeitsgraden führen Sie zu den beeindruckendsten Orten der Insel.

Reise-Infos

Anreise

Auf dem Luftweg

Gran Canaria erreichen Sie am bequemsten auf dem Luftweg. Von den großen Flughäfen Mitteleuropas gibt es regelmäßige Linienflüge aller großen Airlines nach Gran Canaria und der Flug dauert zwischen 4 und 6 Stunden. Der Flughafen trägt das internationale Kürzel LPA. Geographisch befindet er sich genau im Osten der Insel. Nach Las Palmas sind es von hier ca. 20 km und nach Maspalomas ca. 30 km. Über die Inselautobahn GC-1 ist der Flughafen sehr gut erreichbar. Transfers zu den jeweiligen Unterkünften erfolgen per Shuttle bei Pauschalreisen oder auf eigene Faust mit Bus, Taxi und Mietwagen. Die Buslinie 60 fährt 2-mal stündlich vom Flughafen nach Las Palmas. Linie 66 verkehrt im Stundentakt zwischen dem Flughafen und Maspalomas. Ein Ticket nach Maspalomas kostet rund € 4, nach Las Palmas ca. € 3.

♦ Flughafen Gran Canaria, ☏ 00 34/913 21 10 00, 💻 www.aena.es

Auf dem Wasserweg

Gran Canaria können Sie auch auf dem Wasserweg erreichen. Linienfähren vom spanischen Festland nach Las Palmas starten 2-mal wöchentlich von Cadiz und Huelva. Der Preis variiert zwischen € 100 und € 300, je nachdem, ob ein Auto mitgeführt wird. Gegen Aufpreis ist es möglich, für die rund 32-stündige Überfahrt eine Schlafkabine an Bord zu buchen. Die Strecke wird u. a. von der Fährgesellschaft Fred. Olsen Express betrieben.

♦ ☏ 00 34/902 10 01 07, ✉ reservas@fredolsen.es, 💻 www.fredolsen.es

Unterkünfte und Standorte:

Bei der Wahl der passenden Unterkunft kommt es voll und ganz auf Ihre Präferenzen an. Sie sollten sich vor der Buchung genau überlegen, wie Sie Ihren Wanderurlaub auf Gran Canaria verbringen möchten. Grundsätzlich können Sie Ihren Urlaub zentral oder dezentral gestalten. Wenn Sie nicht viel umherfahren möchten und lieber nur in kleinem Radius um den Wohnort wandern wollen, bieten sich die Bergdörfer Artenara und Tejeda an. Mit der weitläufigen Caldera de Tejeda haben Sie eine große Auswahl an schönen Wanderungen im direkten Umfeld. Wenn Sie alle Facetten der Insel kennenlernen wollen, sollten Sie sich für eine dezentrale Urlaubsgestaltung entscheiden. Sie können gut im Süden am Meer wohnen und aufgrund der guten Verkehrsanbindung mit Mietwagen oder Bussen Ihre Tourenziele ansteuern. Die dezentrale Gestaltung hat den Vorteil, dass Sie während Ihres Aufenthalts mehr schöne Orte auf der Insel entdecken können. Bade- und Wanderurlaub lassen sich somit sehr gut ergänzen. Reisebuchungen können Sie bequem von zu Hause übers Internet vornehmen. Gängige Buchungsportale wie 💻 www.booking.com sind auf Gran Canaria weitverbreitet. Wenn Sie Interesse an einer Pauschalreise haben, ist auch der Gang ins Reisebüro noch zeitgemäß.

Verkehrsmittel

Mietwagen

Wenn Sie für Ihren Urlaub mehrere Wanderungen geplant haben, ist ein Mietwagen die beste Lösung. Um unnötigen Stress am Flughafen Las Palmas zu vermeiden, ist die einfachste und kostengünstigste Art, ein entsprechendes Auto bereits vorab im Internet zu reservieren. Die Plattform 💻 www.billiger-mietwagen.de kann für Gran Canaria perfekt genutzt werden.

Die Insel ist übrigens ein recht günstiges Pflaster für Selbstfahrer – weniger ist mehr, zumindest bei der Wahl eines Mietwagens auf Gran Canaria. Obwohl die gesamte Insel über ein sehr gut ausgebautes Verkehrsnetz verfügt, sind gerade in den Bergen die Straßen mitunter sehr schmal. Um auch auf der Fahrt zu den entlegeneren Orten das schöne Panorama und die imposante Natur im Landesinneren genießen zu können, sollten Sie den Mietwagen so klein wie möglich wählen.

Insbesondere auf Schotterwegen müssen Sie aufpassen, da diese mit den gängigen Versicherungen oftmals nicht abgedeckt sind. Beim Tanken auf Gran Canaria müssen Sie anderes als in Deutschland erst einen bestimmten Betrag zahlen und im Anschluss tanken. Dafür ist der Treibstoff ca. 30 % günstiger als in Deutschland.

Taxi

Mit Taxis können Sie nahezu jeden Ort auf der Insel anfahren. Im Vergleich zu Busfahrten oder einem Mietwagen sind Taxis jedoch sehr teuer. An öffentlichen Plätzen finden Sie fast immer Taxistände, wo auch die Preise für Fahrten angeschrieben sind. Sie können sich auch unterwegs telefonisch ein Taxi bestellen. Um die Ausgangspunkte der Wanderungen zu erreichen, sind Taxis eher ungeeignet.

Bus

Wenn Sie während Ihres Urlaubs nur wenige Fahrten geplant haben, können Sie sehr gut Busse als Fortbewegungsmittel nutzen. Das Busnetz auf Gran Canaria ist ziemlich gut ausgebaut. Einen Großteil der Wanderungen in diesem Buch können Sie auch mit Bussen erreichen. Die Busgesellschaft auf Gran Canaria heißt Global. Auf der Homepage finden Sie eine übersichtliche Verbindungssuche sowie Fahrpläne für alle Linien. Busfahren auf Gran Canaria ist absolut nicht teuer. Wenn Sie länger oder häufiger auf Gran Canaria Urlaub machen, können Sie sich sogar eine Busfahrkarte ausstellen lassen, mit der Sie Rabatt bekommen. Einfache Fahrten können Sie direkt beim Busfahrer bezahlen.

♦ Global, ☏ 00 34/928 25 26 30, ✉ tencionalcliente@guaguasglobal.com,
💻 www.guaguasglobal.com

Reisezeit und klimatische Besonderheiten

Das milde Klima auf Gran Canaria sorgt dafür, dass Sie prinzipiell ganzjährig auf der Insel wandern können. In den Sommermonaten ist es etwas wärmer als im Winter. Wenn in Europa der Sommer zu Ende geht, beginnt auf Gran Canaria die schönste Zeit zum Wandern. Von Oktober bis März hat die Insel einen besonderen Charme. Im Januar und Februar steht ein Großteil der Pflanzen in der Blüte.

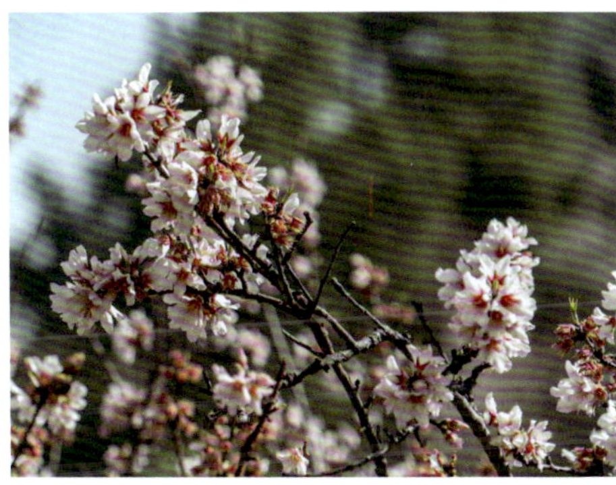

Mandelblüte im Barranco Guayadeque (Tour 25)

Eine klimatische Besonderheit ist, die sogenannte „Calima". Bei dem Wetterphänomen bringt starker Ostwind Sand aus der Sahara mit auf die Kanaren. Die Sicht wird durch den Sand in der Luft extrem getrübt und bei gleichzeitig geringer Luftfeuchtigkeit steigt die Temperatur enorm an. Diese Wetterlage kann plötzlich auftreten und sich im schlimmsten Fall mehrere Wochen halten.

Kartenempfehlungen

Die beste Möglichkeit, sich auf Gran Canaria zurechtzufinden, ist mit einem GPS-Gerät oder mit einer entsprechenden Smartphone-App. Die Ortungsfunktion solcher Apps ermöglicht es Ihnen, Ihren Standort ständig zu prüfen. Es gibt ungemein viel Sicherheit, zu wissen, dass Sie auf dem richtigen Weg sind. Wenn Sie sich für eine Smartphone-App entscheiden, achten Sie darauf, dass Offline-Karten unterstützt werden. Internetempfang ist vor Ort nicht immer gegeben. Natürlich gibt es für Gran Canaria auch gute Wanderkarten. Die mit Abstand beste Wanderkarte für Gran Canaria ist die Tour & Trail Super Durable Map vom Verlag Discovery Walking Guides. Die Karte ist grundsätzlich englischsprachig, da die meisten Ortsbezeichnungen aber ohnehin spanisch sind, fällt der sprachliche Unterschied kaum auf. Alle Wanderwege der 26 Touren aus diesem Buch sind auch in der Karte verzeichnet.

- Ape@map Pro, 💻 www.apemap.com, eine absolut solide und günstige Wander-Navigations App, € 19,90
- Gran Canaria Tour & Trail Super-Durable Map 5th edition, Discovery Walking Guides Ltd., 1:50.000, ISBN: 978-1-78275-051-2, € 11,72

☺ Die Kartenempfehlungen wurden von der Geobuchhandlung Kiel überprüft. 💻 www.geobuchhandlung.de

☺ Einige der in diesem Führer beschriebenen Wanderwege laufen durch mehr oder weniger flaches Gelände ohne nennenswerte Höhenunterschiede. In diesen Fällen wurde auf die Darstellung eines Höhenprofils verzichtet.

GPS

Die GPS-Tracks zu den beschriebenen Wegen können Sie von der Internetseite des Verlags (💻 www.conrad-stein-verlag.de) herunterladen.

📖 Tipps zum Umgang mit dem GPS-Gerät finden Sie in dem Ratgeber „**GPS** – Grundlagen · Tourenplanung · Navigation“ von Michael Hennemann, Conrad Stein Verlag, ISBN 978-3-86686-495-5, € 9,90.

Wanderinfrastruktur

Gran Canaria verfügt über ein weites Netz aus Wanderwegen. Leider werden nicht alle Wege gepflegt und neu ausgeschildert. Für die Beschilderung der Wege gibt es keine zentrale Stelle. Die lokalen Tourismusorganisationen sind für die Beschilderung und Pflege der Wege verantwortlich. Daher gibt es auch keine einheitliche Beschilderung. Einige überregionale Wege, wie der Jakobsweg, sind sehr gut ausgeschildert.

Sie werden im Rahmen der Touren auch immer wieder über sogenannte „Camino Reales“, alte Königswege, stolpern. Die meist gut ausgetretenen Bergpfade waren vor der Kolonialisierung im 15. Jh. die einzige Möglichkeit, das Inselinnere zu erreichen. In Folge der spanischen Kolonisation wurden die Wege weiter ausgebaut. Viele von ihnen sind noch heute gut begehbar.

Verhaltensregeln beim Wandern auf Gran Canaria

▷ Die richtige Kleidung ist Gold wert. Wenn Sie im warmen Süden unterwegs sind, sollten Sie auf jeden Fall in kurzer Kleidung wandern. Atmungsaktives Material ist von Vorteil, um den Körper nicht unnötig ins Schwitzen zu bringen. Wenn Sie im kühleren Norden unterwegs sind, sollten Sie je nach Witterung auch lange Kleidung und eine

Jacke dabeihaben. Das Wetter kann inselweit schnell umschlagen. Bei den meisten Touren sind Wanderschuhe enorm wichtig. Das vulkanische Gestein ist relativ scharfkantig. Ungeeignete Schuhe können Ihre Trittsicherheit erheblich einschränken.

- Tragen Sie eine Kopfbedeckung. Beim Wandern unter der kanarischen Sonne ist es enorm wichtig, den Kopf vor zu viel Sonneneinstrahlung zu schützen. Eine helle Mütze kann schon ausreichend sein, um einen kühlen Kopf zu bewahren.
- Cremen Sie sich vor der Wanderung mit Sonnencreme ein und nehmen Sie auch welche mit. Bei einigen Wanderung kann es windig sein und Sie merken die Sonne u. U. nicht.
- Packen Sie ausreichend Getränke und Proviant ein. Sie werden deutlich mehr Wasser verbrauchen, als bei einer Tour in Deutschland. Als Faustformel sollten Sie einen Liter Wasser pro Stunde einplanen.
- Je nach Tour können Trekkingstöcke von Vorteil sein. In dem lockeren Lavagestein können Sie insbesondere im Abstieg leicht ins Rutschen geraten.
- Wenn Sie auf Gran Canaria alleine unterwegs sind, sollten Sie zwingend einer vertrauten Person mitteilen, wo Sie wandern. Im Falle eines Unfalls kann somit jemand die Rettungskräfte alarmieren.
- In den warmen Sommermonaten kommt es häufig zu länger andauernden Hitzeperioden. Damit verbunden steigt die Gefahr von Waldbränden. Sie sollten es vermeiden, im gefährdeten Bereich zu rauchen. Auch weggeworfene Glasflaschen können Brände verursachen.
- Gehen Sie nie ohne Handy oder Smartphone wandern. Schon kleinere Unfälle können in den abgelegeneren Regionen verheerende Folgen haben.
- Informieren Sie sich schon im Vorfeld über die Wanderung. Laden Sie den entsprechenden GPS-Track auf Ihr Smartphone und packen Sie auch den Wanderführer ein.
- Beachten Sie im Vorfeld einer Wanderung die Wettervorhersage. Ggfs. kann es auch sinnvoll sein, auf die Gezeiten zu achten.
- Es ist immer sinnvoll, für kleinere Verletzungen ein Erste-Hilfe-Set dabeizuhaben.

Wandern mit Kind

Gran Canaria ist auch für Familien mit Kindern eine attraktive Wanderdestination. Insbesondere die Touren mit Badestellen sind beliebte Ziele bei Kindern. Vor allem im Süden lassen sich Touren auch mit weiteren Attraktionen kombinieren. Sie sollten die Kinder aber nicht mit zu anspruchsvollen Wanderungen überfordern. Damit sie nicht die Lust am Wandern verlieren, ist es ein bewährtes Modell, Strand- und Wandertage abzuwechseln.

Wandern mit Hund

Damit der Wanderurlaub mit Ihrem Vierbeiner auf Gran Canaria ein Erfolg wird, gilt es, einige Punkte zu beachten. Sie sollten sich bereits vorab um eine geeignete Unterkunft kümmern, in der Hunde willkommen sind. Wenngleich es in den großen Bettenburgen des Südens eher selten der Fall ist, haben Sie bei Privatvermietern auf Gran Canaria eine recht große Auswahl.

Prüfen Sie im Vorfeld, ob Ihre Airline Hunde transportiert und wenn ja, ob in der Kabine oder in einer Box im Gepäckraum. Bei der Planung Ihrer Wanderungen vor Ort sollten Sie bedenken, dass Hunde auf der Insel in Bussen verboten sind. In den meisten Restaurants sind Hunde mittlerweile zumindest im Außenbereich akzeptiert. Sie sollten jedoch vorher fragen. Auch an öffentlichen Stränden auf Gran Canaria sind Hunde in der Regel verboten. Entsprechende Touren können Sie jedoch trotzdem ohne den Strandbesuch erwandern. Kotbeutel sollten Sie sich am besten bereits aus Deutschland mitbringen. Wenn es bei den Tourenbeschreibungen nicht explizit erwähnt ist, gibt es unterwegs keine Wasserläufe. Sie müssen dann auch an ausreichend Wasser für Ihren Hund denken.

Typische Begriffe

Grundsätzlich ist es auf Gran Canaria von Vorteil, wenn Sie ein wenig Spanisch verstehen. Insbesondere im Inselinneren kommen Sie mit Deutsch und Englisch oft nicht weiter. In den Touristengebieten ist Englisch sehr verbreitet und vielerorts wird auch Deutsch verstanden. Im Folgenden finden Sie einige Begriffe, über die Sie beim Wandern auf Gran Canaria immer wieder stolpern werden.

área recreativa	Picknickplatz
barranco	Schlucht vulkanischen Ursprungs
Cabildo Insular	Inselregierung von Gran Canaria
caldera	Vulkankrater
camino	Weg oder Straße
cascada	Wasserfall
circular	Rundweg
cruz	Kreuz (Kreuze dienen auf Gran Canaria mancherorts als Landmarke)
degollada	Senke zwischen zwei Bergen – bei uns würde man es Pass nennen

ermita	Kirche
faro	Leuchtturm
guagua	Autobus
montane	Berg
playa	Strand
presa/embalse	Stausee
puerto	Hafen
punta	Landzunge
red de senderos	Wanderwegenetz
roque	Fels
sendero	Wanderweg

Wichtige Nummern

▷ Allgemeine Notrufnummer: ☏ 112 (hier erreichen Sie Feuerwehr, Polizei und Rotes Kreuz)

▷ Deutsches Konsulat: ☏ 00 34/928 49 18 80

Updates

Der Conrad Stein Verlag veröffentlicht Updates zu diesem Wanderführer, die direkt vom Autor oder von den Lesern des Buches stammen.

Bitte suchen Sie vor Ihrer Abreise auf der Verlagshomepage 💻 www.conrad-stein-verlag.de diesen Titel. Unter dem Punkt "Updates" finden Sie allle wichtigen Informationen.

Der rechts abgebildete QR-Code führt Sie direkt zu der richtigen Seite.

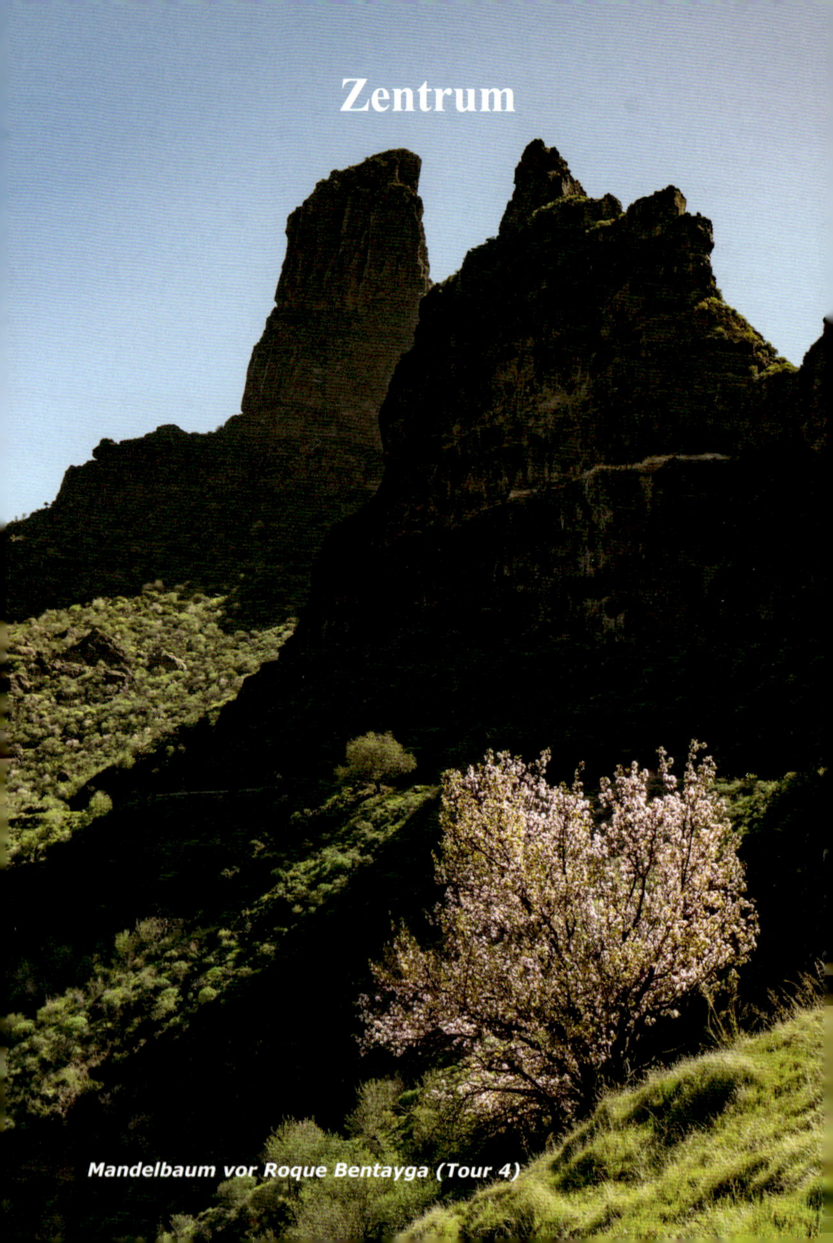

Mandelbaum vor Roque Bentayga (Tour 4)

❶ Montaña de Altavista – Gipfeltour mit Weitblick

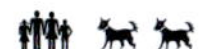

Für Genießer und Naturliebhaber

Die aussichtsreiche Wanderung führt Sie auf einen exponierten Gipfel im Nordwesten des Inselzentrums. Am Rande des Naturparks Tamadaba können Sie die grünen Kiefernwälder und schroffen Felsen der einmaligen Landschaft genießen. Im Anschluss an die Tour sollten Sie sich einen Besuch des Bergdorfs Artenara nicht entgehen lassen.

Start/Ziel: Parkplatz an der Degollada del Sargento, GPS N 28°01.741' W 015°40.713'

10,0 km

4 Std. 10 Min.

767 m/767 m

1.145-1.361 m

Der gesamte Weg ist ausgeschildert.

Sie wandern während der kompletten Tour auf einem steinigen Wanderpfad. Der Anstieg von den Lajas del Jabón bis zum Gipfel ist etwas steiler. Unterwegs gibt es nur wenig Schatten.

Keine Einkehrmöglichkeit am Weg. In Artenara befindet sich die Biocreperia Risco-Caido.

Entlang der Strecke gibt es keine ausgewiesenen Rastplätze. Am Gipfel (km 5) bietet sich ein Betonpfeiler zum Sitzen an.

Die Tour ist für Kinder angenehm begehbar, bietet jedoch keine zusätzlichen kindgerechten Attraktionen.

Die Tour ist für Hunde gut geeignet. Aufgrund der Steilheit des Geländes sollten Sie Ihren Hund im Gipfelbereich anleinen.

Die Tour ist mit Bussen nicht erreichbar.

Am Aussichtspunkt Degollada del Sargento an der GC-216 befinden sich ein paar Parkplätze und auch an der Straße besteht die Möglichkeit, das Auto abzustellen.

Packen Sie ausreichend Wasser, Proviant und Sonnenschutz ein.

Schon zu Beginn kann die Wanderung auf die Altavista mit einem einmaligen Ausblick aufwarten. Der Blick reicht über einen Großteil des bergigen Inselinneren von Gran Canaria. Roque Nublo, Roque Bentayga und sogar die Militärstation am

Pico de las Nieves sind zu sehen. Eine Infotafel gibt einen mehrsprachigen Überblick über die Wanderwege, die an diesem Platz starten. Der Wanderweg beginnt am Parkplatz mit einer gepflasterten Steintrasse. Schon nach wenigen Metern geht der steinerne Weg in einen normalen Wanderpfad über. An dem Cruz de Maria zweigt ein Weg nach rechts ab, dem Sie allerdings keine weitere Beachtung schenken müssen. Generell verlangt Ihnen die Tour insgesamt nicht viel Orientierung ab. Der Weg verläuft immer in unmittelbarer Nähe des Grats. Da Sie nicht viel auf den Weg achten müssen, können Sie Ihre Aufmerksamkeit umso mehr auf die Natur am Wegesrand richten.

Der Parque Natural Tamadaba ist für seine weitläufigen Kiefernwälder und schroffen Felsen bekannt. An besonders warmen Tagen liegt ein herrlich aromatischer Duft nach warmem Nadelholz in der Luft.

Selten ist der Wald so dicht, dass die Blicke nicht durch die Lücken zwischen den Bäumen in die Ferne schweifen können. Nach 1 km zweigt ein Pfad nach links zum Stausee Presa de la Candelaria ab ❶. Sie bleiben auf dem rechten Weg und folgen dem Verlauf des Kamms. Der Weg wechselt von Zeit zu Zeit die Kammseite. Immer wieder sind neue, beeindruckende Ausblicke auf die eine oder andere Seite möglich und bei guter Sicht erkennen Sie rechter Hand große Teile der Nachbarinsel Teneriffa. Auch der mächtige Teide, mit 3.718 m der höchste Berg Spaniens, gibt sich häufig die Ehre.

Nach 3,3 km erreichen Sie auf dem schönen Kammweg den Gipfel El Risco ❷. Ein schmaler Pfad führt wenige Meter hinauf zu den Felsen, von wo Sie bereits eine geniale Weitsicht in fast alle Richtungen genießen können.

Seien Sie auf jeden Fall vorsichtig, da die Flanken des Kamms mitunter sehr steil abfallen und schon wenige Meter neben dem Weg Absturzgefahr besteht.

Direkt unterhalb von El Risco erreichen Sie die Senke Lajas del Jabón ❸. Zu Deutsch bedeutet das so viel wie „Seifenfelsen". Gut möglich, dass an feuchten Tagen die Felsplatten etwas rutschig sind und der Name daher stammt. In jedem Fall zweigt bei den Seifenfelsen jeweils nach links und rechts ein Wanderweg ab. Der rechte führt hinab nach La Aldea de San Nicolás. Den linken sollten Sie nur einschlagen, wenn Sie ein wenig ortskundig und trittsicher sind. Er führt steil bergab nach Acusa. Die Wanderung auf die Altavista ignoriert hier beide Abzweige

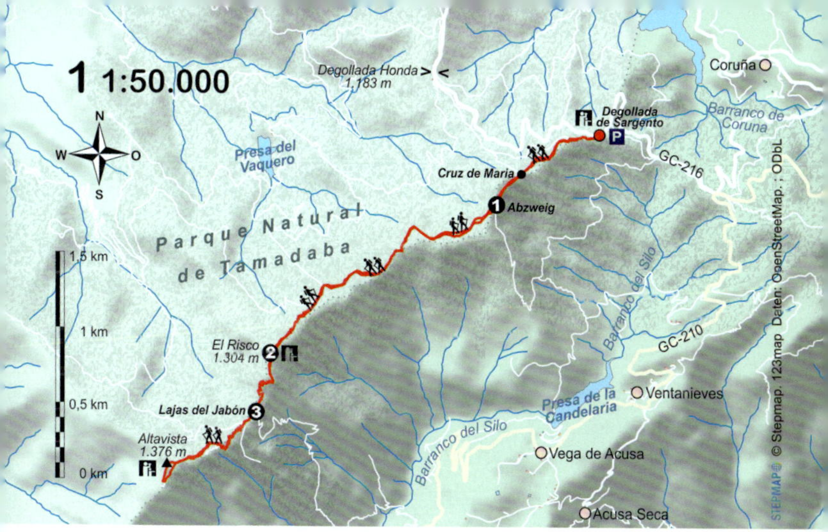

1 1:50.000

Degollada Honda
1.183 m
Coruña
Degollada de Sargento
Barranco de Coruna
GC-216
Presa del Vaquero
Cruz de Maria
Abzweig
Parque Natural de Tamadaba
Barranco del Silo
GC-210
El Risco
1.304 m
Presa de la Candelaria
Ventanieves
Lajas del Jabón
Altavista
1.376 m
Barranco del Silo
Vega de Acusa
Acusa Seca
© Stepmap. 123map Daten: OpenStreetMap ; ODbL

und geht weiter geradeaus auf die Zielgerade. In Serpentinen führt Sie der letzte Kilometer hinauf zum Gipfel. Der bequemste Weg führt Sie zunächst am Gipfel vorbei und dann nach einer scharfen Rechtskurve über den Grat hinauf. Am Gipfel befindet sich eine weiße Vermessungssäule, die gut als Sitzmöglichkeit genutzt werden kann. Der Name bedeutet auf Deutsch „hohe Sicht“ – was beim Ausblick am Gipfel definitiv nicht zu viel versprochen ist.

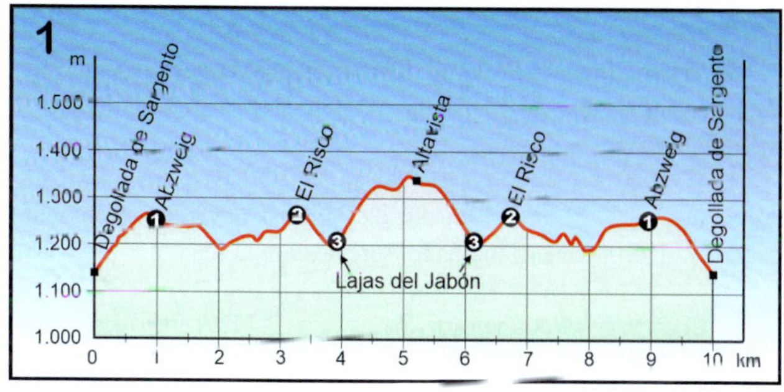

Der Blick reicht nun tatsächlich in alle Richtungen. Es gibt wohl kaum einen anderen Punkt auf Gran Canaria, an dem zeitgleich so viele schöne Orte zu sehen sind. Neben den Bergen rund um Tejeda ist auch die Hochfläche Mesa de

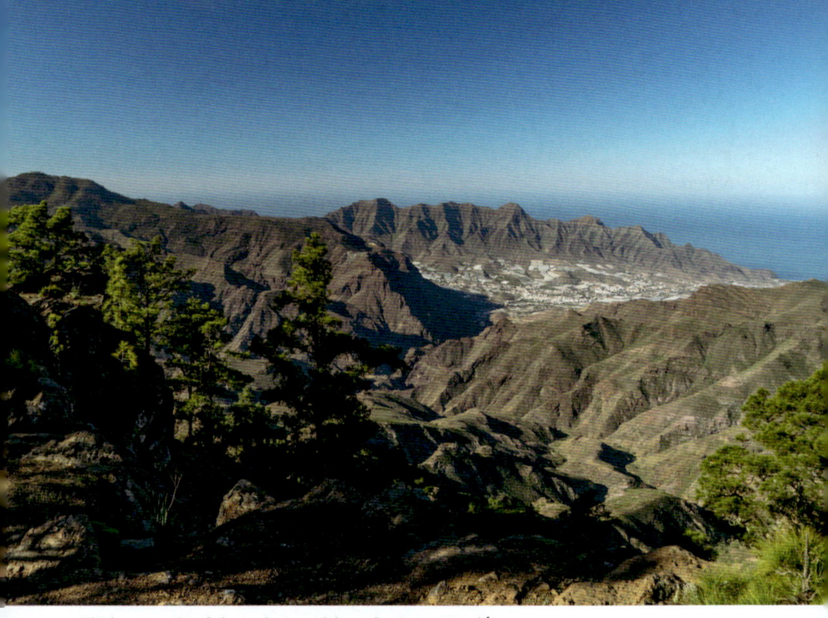

Blick vom Gipfel nach La Aldea de San Nicolás

Acusa gut zu erkennen. Das weite Tal von La Aldea mit seinen Tomatenplantagen liegt Ihnen zu Füßen. Teneriffa scheint zum Greifen nahe. Ein unbezahlbarer Ausblick nach einem ohnehin schon malerischen Wegverlauf.

Die ersten 50 m des Rückwegs führen von der Vermessungssäule auf direktem Weg hinab zum Wanderpfad. Ab hier verläuft der Rückweg auf der gleichen Route wie der Hinweg.

☺ ➭ Im Anschluss an die Tour ist die ✕ Biocreperia RiscoCaido im ca. 5 km entfernten Dorf Artenara eine gute Adresse zum Einkehren.

✕ Biocreperia RiscoCaido, Avda. Matías Vega 13, 35350 Artenara, ☎ 00 34/617 50 92 57, ✉ labiocreperiariscocaido@gmail.com, 💻 www.facebook.com/riscocaido, 🚪 Do, Fr 13:00-17:00, 20:00-22:00, Sa 8:00-22:00, So 13:00-17:00

❷ Von El Sao zur Presa de los Pérez

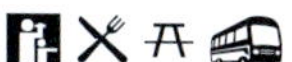

Für Naturliebhaber und Entdecker

Geheimnisvolle Höhlen, ein gemütliches Refugio mitten im Nirgendwo und zwei idyllische Stauseen – all das erwartet Sie auf der anstrengenden Wanderung durch den gewaltigen Barranco de Agaete. Von El Sao wandern Sie auf einem steilen Pfad hinauf nach El Hornillo. Beim Rundweg um den Stausee Presa de los Pérez können Sie ein wenig verschnaufen, bevor es durch den Barranco zurück nach El Sao geht.

- Start/Ziel: Parkplatz bei El Sao, GPS N 28°03.732' W 015°39.545'
- 10,7 km
- 5 Std. 10 Min.
- ↑↓ 1.039 m/1.039 m
- ⇧ 504-1.028 m

Ausblick auf die Presa de los Pérez

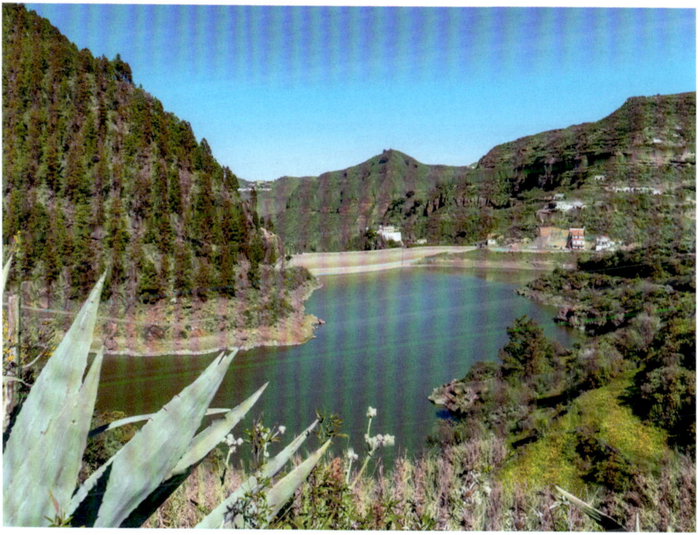

✎ Die Wanderung folgt im Aufstieg von El Sao bis zur Staumauer der Presa de los Perez dem Wanderweg S-97.

Der Aufstieg bis zum Refugio erfolgt auf einem steilen Bergpfad. Auf einer Schotterstraße geht es weiter hinauf zum Stausee. Der Rundweg bis zur oberen Staumauer folgt der Straße. Der Abschnitt zwischen den beiden Stauseen wird auf einem Wanderpfad zurückgelegt.

Bar Refugio El Hornillo (km 1,5 und 9,2)

Entlang der Strecke gibt es keine ausgewiesenen Rastplätze. Sitzmöglichkeiten finden Sie beim Refugio El Hornillo (km 1,5 und 9,2), beim Parkplatz (km 5) und an der unteren Staumauer (km 7,8).

Aufgrund des anstrengenden Aufstiegs ist die Tour nur für wandererfahrene Kinder gut geeignet.

Die Tour ist für Hunde gut geeignet. Es gibt viel Natur und wenig Zivilisation und ganzjährige Wasserläufe.

Bushaltestelle „El Valle“, Linie 102 (Gáldar – El Valle). Die Busse fahren nicht sehr häufig, aber zu günstigen Zeiten. Bis zum Parkplatz El Sao sind es von der Bushaltestelle 1,8 km entlang der GC-231.

P Die Beschreibung nimmt als Ausgangsort den Parkplatz bei El Sao. Da der Barranco de Agaete nicht komplett befahrbar ist, bietet es sich an, je nach Wohnort einen anderen Parkplatz als Ausgangspunkt zu nutzen. Für Wanderer, die im Inselinneren rund um Tejeda und Artenara Quartier bezogen haben, ist der Parkplatz am Stausee (km 5,1) die bessere Wahl, für alle anderen der Parkplatz bei El Sao.

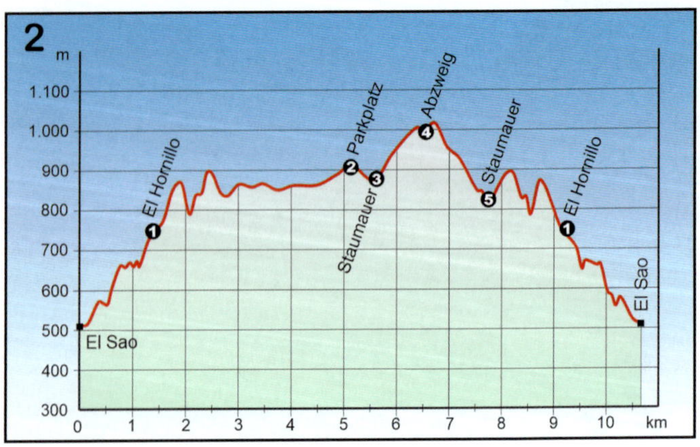

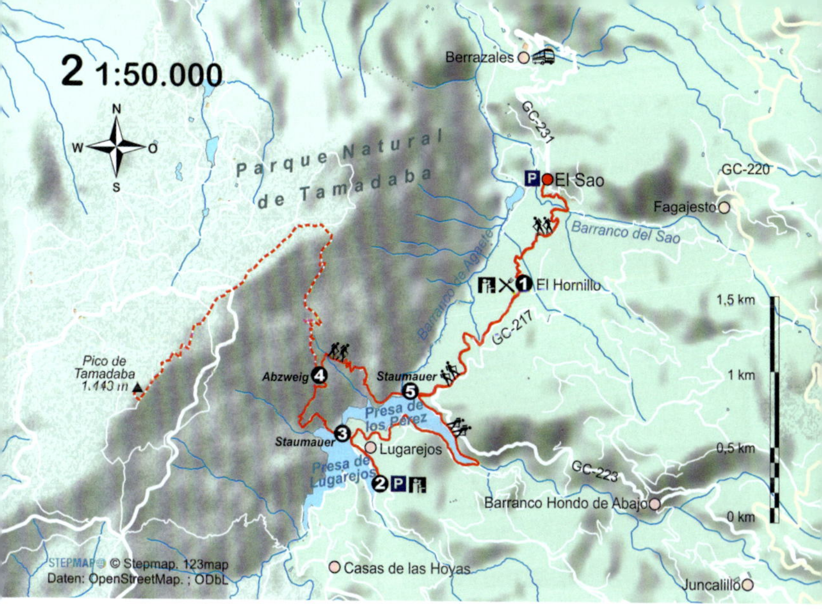

Der Barranco de Agaete zählt im oberen Teil zu den entlegensten und unzugänglichsten Orten Gran Canarias. Eine ganz besondere Wildnis hat sich in der Schlucht am Fuße des Bergs Tamadaba ausgebreitet. Bereits der kleine Parkplatz El Sao wird von einer mächtigen Felskulisse überschattet. Große Zeit zum Einlaufen ist bei dieser Wanderung nicht gegeben. Ein Wegweiser am Parkplatz informiert über die unterschiedlichen Routen.

Sie folgen dem Wanderweg S-97 aufwärts in Richtung El Hornillo. Nach der ersten Kehre auf dem steilen Wanderweg kommen Sie zu den vereinzelt stehenden Häusern der Siedlung. Beim Blick nach rechts sehen Sie weiter unten im Tal den kleinen Stausee Presa Tierras de Manuel. Sie schlängeln sich an den Häuschen vorbei und wandern zunächst leicht nach links gerichtet in den Barranco del Sao. In der Talsohle des Barranco queren Sie einen kleinen Bach, der ganzjährig Wasser führt. Dementsprechend vielfältig ist die Vegetation in dieser Gegend.

Der Pfad schwenkt nach rechts und führt unmittelbar unter einer Steilwand nach oben. Wenngleich der Pfad gut ausgebaut ist, gehen die kurzen Kehren gut in die Beine. Sie umgehen einen Felsvorsprung und der Pfad führt auf der anderen Seite auf einen Höhenrücken. Sie wandern weiter entlang der Steilwand durch eine Senke. In der Wand befinden sich einige alte Höhlen. Mittlerweile werden sie als Lagerräume für die Wartung der Wasserleitungen genutzt. Einige können Sie

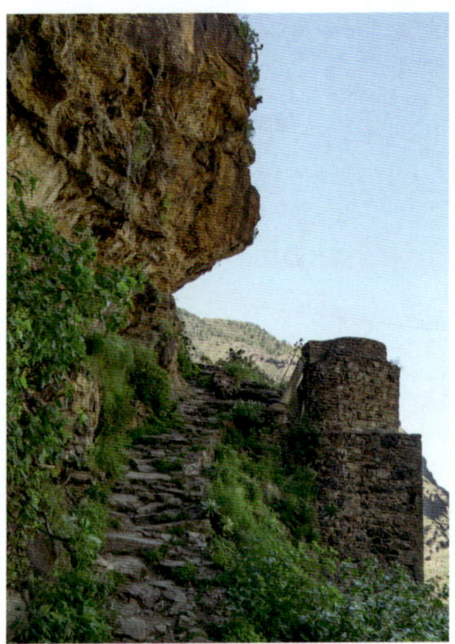

Steiler Aufstieg nach El Hornillo

sich sogar von innen anschauen. Am oberen Rand der Senke haben Sie bereits die Hälfte des Aufstiegs nach El Hornillo geschafft. Es gilt, weitere 750 m auf dem Pfad zurückzulegen. Durch dichte Vegetation führt Sie der Pfad in Serpentinen den Hang hinauf. Am Rande einer schön angelegten Aussichtsplattform befindet sich das kleine ✗ Refugio von El Hornillo ❶. Sie können an diesem idyllischen Ort sowohl eine Kleinigkeit essen sowie natürlich auch ein kühles Getränk genießen.

✗ Refugio El Hornillo, Lugar El Hornillo, 8, 35480 Agaete, ☎ 00 34/928 55 95 18, 9:00-22:00

Vom Refugio wandern Sie 1,5 km auf einer wenig befahrenen Straße hinauf zur Staumauer der Presa de los Pérez. Immer wieder kommen Sie an den alten Höhlen vorbei, die ebenfalls meist als Lagerräume genutzt werden. Die Straße führt auch hier unmittelbar an der Steilwand des Barranco entlang. Rechter Hand wurden teilweise Terrassen angelegt, die als Gärten und Anbauflächen genutzt werden. An der Staumauer biegen Sie nach links ab und folgen dem Lauf der GC-217 um den See herum bis hinauf in die Ortschaft Lugarejos. Oberhalb der Presa de los Pérez befindet sich ein zweiter Stausee, mit dem Namen Presa de Lugarejos. 30 m entfernt vom Staudamm des oberen Stausees zweigt ein schmaler Pfad nach links von der GC-217 ab. Dieser führt durch die Häuserreihen der Siedlung zu einem gut angelegten Parkplatz ❷.

☺ Auch wenn Sie die Tour in El Sao gestartet haben, sollten Sie sich den Abstecher dorthin nicht entgehen lassen. Vom Parkplatz haben Sie eine gute Aussicht über den Stausee.

In dem kleinen Dorf Lugarejos hat sich eine alte Töpfertradition bis heute erhalten. Auch wenn die gefertigten Stücke längst nicht mehr wettbewerbsfähig sind, wird die Tradition gewahrt. Einen Einblick in die Töpferei in Lugarejos bieten einige Schautafeln im Ortsgebiet.

Auf dem 400 m langen Pfad gehen Sie wieder zurück zur Staumauer der Presa de Lugarejos ❸ und folgen dieser. Auf der anderen Seite der Staumauer passieren Sie ein Hinweisschild, das Sie darauf aufmerksam macht, dass Sie sich nun im Naturpark Tamadaba befinden.

Der Parque Natural de Tamadaba ist eines der bedeutendsten Naturschutzgebiete auf Gran Canaria. Das Schutzgebiet umfasst die Berge im Nordwesten der Insel. Hier sind die größten Bestände an Kanarischen Kiefern auf der gesamten Insel vorhanden. Umso trauriger ist es, dass bei verehrenden Waldbränden im Sommer 2019 die Flammen auch vor diesem einmaligen Naturdenkmal nicht haltgemacht haben.

Sie folgen dem Wanderpfad für 750 m den Hang hinauf.

An einer Weggabelung ❹ könnten Sie die Wanderung durch einen Aufstieg auf den Pico de Tamadaba ergänzen. Der Weg ist gut ausgeschildert und schlägt mit rund 4 km und 450 Hm pro einfache Strecke zu Buche.

Der Wanderweg zum Stausee zweigt an der Gabelung nach rechts ab. Der Pfad führt auf einem gut ausgebauten Wanderpfad durch den lichten Wald hinab zur Staumauer der Presa de los Pérez ❺. Durch die Bäume können Sie immer wieder einen Blick auf die beiden Stauseen werfen.

Der Staudamm von Presa de los Perez wurde 1934 von 70 Arbeitern per Hand gebaut. Das alte Höhlendorf Lugarejos musste für den Bau umgesiedelt werden.

Beim Gang über die Staumauer sollten Sie auf jeden Fall in den Barranco de Agaete hinabschauen – ein einmaliger Einblick in die wilde Natur Gran Canarias.

Ab dem Abzweig an der Staumauer erfolgt der Abstieg nach El Sao auf der gleichen Route wie der Aufstieg.

❸ Große Rundtour um den Roque Nublo

Für Naturliebhaber und Ruhesuchende

Die Rundtour ist eine aussichtsreiche Wanderung zum Wahrzeichen Gran Canarias, dem Roque Nublo. Sie starten im Bergdorf Tejeda und wandern durch verträumte Bergdörfer, Kiefernwälder und Mandelbaumterrassen hinauf zu dem einsamen Felsmonolith. Der Rückweg führt Sie vorbei an dem Cruz de Timagada zurück nach Tejeda.

Start/Ziel: Kirchplatz in Tejeda, GPS N 27°59.727‘ W 015°36.940‘

18,4 km

7 Std. 45 Min.

1.075 m/1.075 m

1.004-1.728 m

Der Weg ist teilweise ausgeschildert, jedoch nicht in dieser Form als Rundtour.

Die ersten und letzten 1,8 km wandern Sie entlang der Straße. Der Rest der Tour folgt überwiegend schönen Wanderpfaden. Unterwegs gibt es nur wenig Schatten.

Am Start und Ziel in Tejeda gibt es zahlreiche Einkehrmöglichkeiten, z. B. Dulceria Nublo (km 0,2 und 18,2). Unterwegs können Sie auch in La Culata in der Bar Roque Nublo (km 3,7) einkehren.

Entlang der Strecke gibt es keine ausgewiesenen Rastplätze. Auf dem Gipfelplateau (km 7), dem Aussichtspunkt unterhalb des Plateaus (km 9,5) und an dem Cruz de Timagada (km 14,8) bieten sich Felsen und Mauern zum Sitzen an.

km 0,3 bzw. 18,1, manchmal Markt beim Parkplatz beim Roque Nublo (km 5,8)

Die Tour ist aufgrund der Länge nur für wandererfahrene Kinder gut geeignet.

Die Tour ist für Hunde gut geeignet. Ihr Vierbeiner sollte aber über die nötige Fitness verfügen.

Bushaltestelle „Tejeda“ (am Weg bei km 0,55), Linie 18 (Maspalomas – Tejeda). Sie sollten schon früh morgens starten, da der letzte Bus bereits um 17:00 abfährt. Am Wochenende fährt nur je ein Bus morgens und nachmittags.

P Sie können in Tejeda auf dem zentralen Parkplatz unter der Kirche oder auf einem der zahlreichen Parkplätze entlang der Straße parken.

Packen Sie ausreichend Wasser und Sonnenschutz ein.

Am Kirchplatz in Tejeda startet die Wanderung. Tejeda selbst ist bereits ein Highlight der Tour. Vom Platz vor der Kirche haben Sie einen sehr schönen Ausblick auf die Caldera de Tejeda mit ihren zahlreichen Mandelbäumen. Sie folgen der Straße vor der ✞ Kirche entlang nach rechts und schlendern auf der Promenade und anschließend auf der Hauptstraße durch den Ort. Hinter der Kirche ist Ihr Tagesziel bereits zu sehen. Majestätisch erhebt sich der Felsmonolith des Roque Nublo über die umliegende Landschaft.

Entlang der Promenade haben Sie nach rechts auch einen guten Blick auf den zweiten großen Felsgipfel der Region, den Roque Bentayga.

Linker Hand finden Sie einige Restaurants und Cafés. Die schönen kanarischen Häuschen machen es fast unmöglich, die Promenade entlangzuspazieren, ohne irgendwo einzukehren. Besonders auffällig ist die Warteschlange vor der Dulceria Nublo. Bekannt aus zahlreichen Reiseführern und Dokumentationen gibt es hier das beste Mandelgebäck der Insel. Egal ob als Creme, Marzipan oder einfach geröstet, in der Dulceria werden Mandeln zu den leckersten Süßigkeiten verarbeitet.

Dulceria Nublo, Calle Dr. Domingo Hernández Guerra, 15, 35360 Tejeda, ☏ 00 34/92 86 60 60 30, www.facebook.com/dulcerianublo, Mo-Fr 9:00-20:00, Sa 9:30-20:00, So 9:30-18:00

Am Ende der Promenade befindet sich auf der linken Seite auch noch ein kleiner Supermarkt.

Die Straße macht eine leichte Rechtskurve und Sie folgen einer Treppe links hinauf zur GC-60, der Sie nach rechts folgen. Auf dem Bürgersteig wandern Sie durch den oberen Teil von Tejeda. Auch hier finden sich entlang der Straße gemütliche Restaurants. Am kleinen Busbahnhof macht die Straße einen Linksknick. Auf der rechten Straßenseite befindet sich eine Touristinformation in einem kleinen Steinhäuschen.

Oficina De Turismo Tejeda, Calle Leocadio Cabrera, 35360 Tejeda, ☏ 00 34/928 66 66 18, Mo-Fr 0:00-17.00

Sie folgen dem Verlauf der GC-60 noch für 1 km bis zu einem Abzweig an der 3-km-Marke. Hier biegen Sie nach links auf einen anfangs gepflasterten

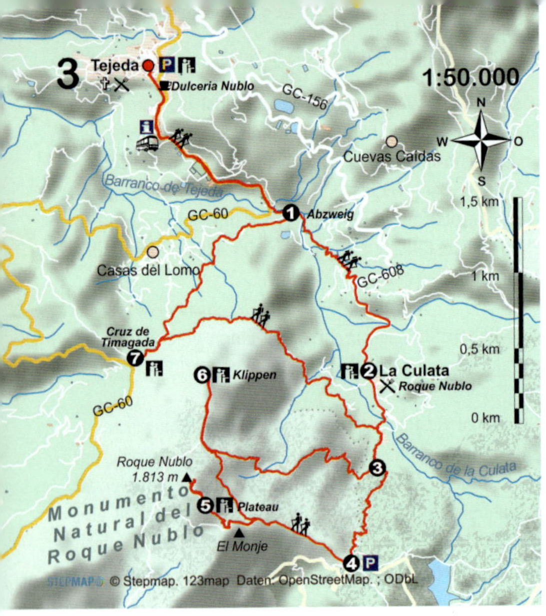

Schotterweg ab. Der Roque Nublo ist hier bereits ausgeschildert. Einen Abzweig zum Cruz de Timagada ignorieren Sie ❶. Hier werden Sie später zurückkommen.

Nach einer Rechtskurve halten Sie sich im Bereich eines breiten, trockenen Bachbettes auf einen Pfad, der links abbiegt, während der Schotterweg weiter nach rechts führt. 100 m weiter oben biegt der Pfad im 90°-Winkel nach links ab. Nach ca. 270 m queren Sie in engen Serpentinen einen grasigen Feldweg. Weitere Serpentinen führen Sie auf den folgenden 260 m bis zu einem breiteren Weg. Sie treffen in einer Rechtskurve auf diesen Weg und wandern direkt wieder nach links auf dem Pfad weiter nach oben. Nach 180 m erreichen Sie erneut einen befestigten Weg, dem Sie für 30 m nach links folgen, bevor Sie in einer Rechtskurve des Weges nach links abbiegen. 80 m später gelangen Sie an die GC-608 und folgen ihr nach rechts bis in den Ort La Culata ❷. Die Straße ist nur wenig befahren. Besonders schön ist der Platz um die kleine ✝ Kirche.

Vom Kirchplatz haben Sie einen guten Blick auf den Roque Nublo.

Von der Kirche sind es noch 150 m bis zur ✕ Bar Roque Nublo auf der rechten Seite der Dorfstraße. Bei rustikalem kanarischem Essen und einem kühlen Getränk können Sie sich auf den bevorstehenden Anstieg zum Roque Nublo vorbereiten.

✕ Bar Roque Nublo, GC-608, 27, 35369 Tejeda, ☏ 00 34/928 66 61 42, 9:00-17:00, 19:00-22:00

200 m oberhalb der Bar verlassen Sie die GC-608 nach rechts. Auf einem Pfad wandern Sie die wenigen Meter hinab in die Talsohle des Barranco de la Culata. Eine Brücke, die meist recht fehl am Platz wirkt, lässt erahnen, welche Wassermassen sich hier bei Regen hinabstürzen können. Auf der anderen Hangseite führt der Pfad hinauf zu einigen Häusern. An einer Gabelung folgen Sie der Betonstraße nach links oben und an einer Infotafel wandern Sie geradeaus auf den Wanderpfad.

Einzelne Kiefern verdichten sich nach oben zum Grat zu einem herrlich grünen Wald. Der Pfad schlängelt sich durch das schöne Terrain und trifft nach 250 m erneut auf einen Abzweig ❸, dem Sie nach links folgen. Durch steiniges Terrain führt Sie der Pfad auf den nächsten 1,3 km hinauf zum Parkplatz am Roque Nublo ❹. Etwas komisch ist es schon, nach dem ruhigen Aufstieg hier auf eine entsprechende Menschenmasse zu treffen. Auf dem Platz vor dem Parkplatz finden unregelmäßig kleine Märkte statt. Wenn Sie Glück haben, können Sie ein kühles Eis oder Getränk kaufen. Grundsätzlich können Sie die Rundwanderung auch an diesem Parkplatz beginnen. Früh morgens sind nur wenige Urlauber hier oben.

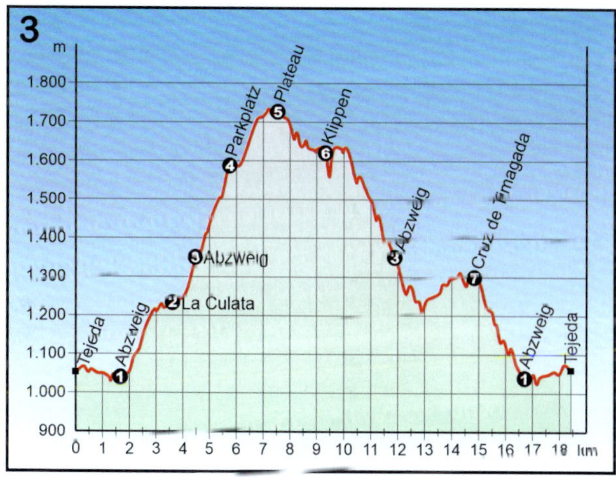

Auf einem gut angelegten Weg wandern Sie nach rechts hinüber zum Roque Nublo. Der markante Fels ist neben den Dünen von Maspalomas wohl das bekannteste Wahrzeichen Gran Canarias. Nach den ersten beiden Kehren gelangen Sie zu einem Abzweig, an dem Sie dem Pfad nach links folgen. Im Anschluss an den Besuch des Roque Nublo erreichen Sie später erneut diesen Abzweig.

☺ Auf der linken Seite befindet sich direkt über Ihnen der El Monje. An seinen Hängen können Sie oberhalb des Weges auf der linken Seite einige kleine Höhlen erkunden.

200 m hinter dem Abzweig macht der Weg eine 90°-Kehre nach links und Sie erreichen die Senke unterhalb des großen Plateaus. Bereits hier genießen Sie einen spektakulären Ausblick auf den Südwesten der Insel. Bei genauerem Hinsehen werden Sie den ein oder anderen Stausee erkennen. Nach rechts führt der Weg über Felsen die letzten Meter hinauf zum Plateau ❺. Das weitläufige Areal am Fuße des Roque Nublo war bereits bei den Altkanariern ein heiliger Ort. Auf der rechten Seite befindet sich der Roque Nublo (Wolkenfelsen) und links davon La Rana (Froschfelsen). Besonders gut können Sie die Magie dieses Ortes erleben, wenn Sie morgens vor Ort sind. Die meisten Touristen kommen auf geführten Ausflügen hier hoch und die starten in der Regel erst nach den üppigen

Hochplateau am Roque Nublo

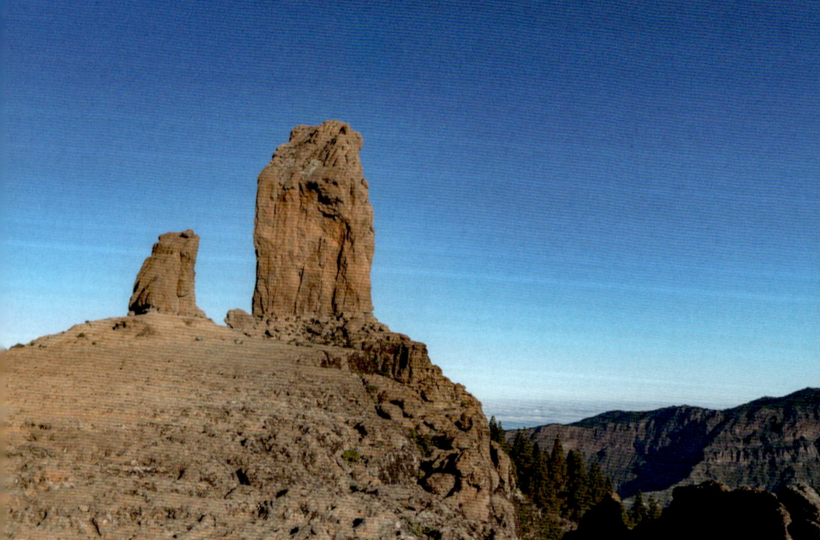

Frühstücksbüffets in den Hotels. Auf dem Plateau können Sie sich frei bewegen. Sie sollten auf jeden Fall einen Blick zwischen Roque Nublo und La Rana hindurchwerfen. Bei gutem Wetter reicht der Blick bis zum Teide.

✋ An den Seiten des Plateaus müssen Sie vorsichtig sein, da die steilen Abhänge nicht durch Geländer gesichert sind.

Sie gehen wieder bis zum Abzweig unterhalb der Senke zurück. Folgen Sie dann einem Wegweiser nach links auf den Rundweg um den Roque Nublo. Nach 700 m auf dem schönen Wanderweg kommen Sie zu einem Abzweig. Hier führt der eigentliche Wanderweg nach rechts. Bevor Sie jedoch nach rechts weiterwandern, gehen Sie nach links. Nach 10 m steht in einer Linkskurve ein kleines Steinmännchen. Hier biegen Sie nach rechts auf einen schwach erkennbaren Pfad ab, der nach einigen Metern besser erkennbar ist. Für 600 m folgen Sie dem Lauf des Höhenzuges. An einem namenlosen Felsen erreichen Sie den Rand der Klippen ❻.

✋ Vorsicht! Es geht steil bergab.

Dieser schöne Ort eignet sich perfekt für eine Rast. Viele Steine laden zum Sitzen ein und der Roque Nublo zeigt sich von seiner schönsten Seite. Da der Abzweig nicht markiert ist, müssen Sie die Aussicht in der Regel auch nur mit wenigen anderen Wanderern teilen.

Sie gehen zurück und an dem Abzweig nun links weiter auf dem vorher erwähnten Wanderweg hinab ins Tal zurück nach La Culata. Unterwegs führt Sie der Pfad in zahlreichen kleinen Kehren durch die schönen Kiefernwälder am Fuß des Roque Nublo. Auch die Ruine eines alten Hauses liegt am Wegesrand. Am bekannten Abzweig ❸ treffen Sie wieder auf den Weg, auf dem Sie zum Roque Nublo hinaufgelaufen sind, und halten sich nun links. Am Ortsrand von La Culata, oberhalb der Brücke im Barranco, bleiben Sie diesmal auf dem befestigten Weg, der Sie nach links führt. Für 620 m folgen Sie der Schotterstraße mit herrlichem Blick auf die Caldera de Tejeda, bevor Sie links abbiegen. Die Mandelbäume am Weg sind während der Blüte im Januar am sehenswertesten.

Die folgenden 1,6 km wandern Sie auf einem schönen Höhenweg entlang des Bergrückens. Ohne allzu große Höhenunterschiede können Sie den Ausblick bis nach Artenara und zum Roque Bentayga genießen. Unterhalb des Cruz de Timagada treffen Sie auf den Wanderweg, der von Cuevas Caídas heraufführt.

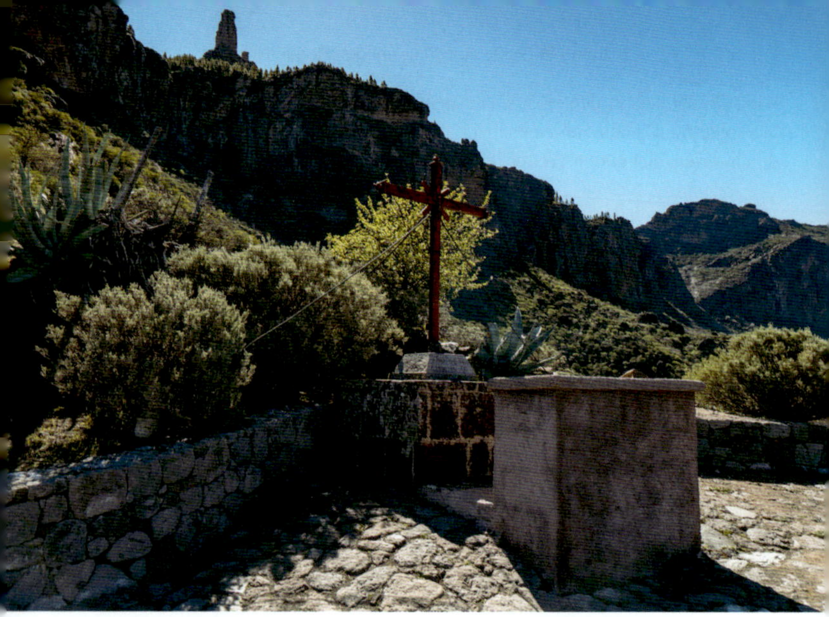

Am Cruz de Timagada

Nach links gelangen Sie zum gepflasterten Aussichtspunkt Cruz de Timagada ❼. Ein schöner Platz, um auf der Mauer sitzend die Aussicht zu genießen. Im Abstieg folgen Sie dem Wanderpfad zurück zum Abzweig und hier geradeaus nach Cuevas Caídas. Sie bleiben nun für 2 km auf einem schönen Wanderpfad und müssen unterwegs lediglich an einem Haus auf halbem Weg den rechten Pfad auswählen. Dann erreichen Sie den Abzweig, den Sie bereits vom Anfang der Tour kennen ❶. Hier halten Sie sich nun links. Der Rückweg nach Tejeda erfolgt nun auf der gleichen Route wie der Weg zu Beginn der Tour. Sie sollten es sich nicht nehmen lassen, in einem der zahlreichen Restaurants rund um die Kirche etwas typisch Kanarisches zu essen. Bei gutem Essen und mit Blick hinauf zum Roque Nublo können Sie die lange, aber schöne Tour noch einmal Revue passieren lassen.

4 Roque Bentayga – Rund um den heiligen Berg

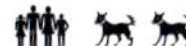

Wanderung für Entdecker, Naturliebhaber und Kulturinteressierte

Es handelt sich um eine aussichtsreiche Panoramawanderung im Herzen der Insel. Die Tour führt Sie rund um das beeindruckende Felsmassiv des Roque Bentayga. Weite Panoramablicke in die Caldera de Tejeda und hinab in den Barranco de Chorrillo charakterisieren diese Rundwanderung. Sie kommen durch zwei abgelegene Bergdörfer und erhalten bei den Cuevas del Rey Einblicke in das Leben der kanarischen Ureinwohner.

Start/Ziel: kleiner Parkplatz an der GC-607, GPS N 27°59.349‘ W 015°38.087‘

11 km

4 Std. 45 Min.

615 m/615 m

636-1.191 m

Auf dem ersten Wegdrittel folgen Sie dem Wanderweg S-80. Ab La Solana ist die Tour nicht mehr als Wanderweg ausgeschildert.

Der Abstieg nach La Solana erfolgt bis auf wenige Abschnitte am Anfang und Ende auf einem Wanderpfad. Ab La Solana wandern Sie den Rest der Tour auf der wenig befahrenen GC-607. Sie haben fast immer die Möglichkeit, auf dem weichen Grünstreifen am Straßenrand zu gehen. Unterwegs gibt es nur wenig Schatten.

Einkehrmöglichkeiten gibt es entlang der Strecke keine.

Entlang der Strecke gibt es keine ausgewiesenen Rastplätze. Sowohl am Aussichtspunkt in El Espinillo (km 2,1) als auch am Dorfplatz von La Solana (km 3,8) bieten sich Bänke oder Steinmauern als Sitzmöglichkeit an.

Aufgrund der Länge und des Anspruchs der Tour ist sie für Kinder eher langweilig. Die Höhlen Cuevas del Rey können jedoch für interessierte Kinder spannend sein.

Die Tour ist für Hunde gut geeignet. Weitläufige Flächen bieten sich zum Austoben an.

Bushaltestelle „Las Moradas“, Linie 18 (Maspalomas – Tejeda). Sie sollten schon früh morgens starten, da der letzte Bus zurück bereits um 17:00 abfährt. Am Wochenende fährt nur je ein Bus morgens und nachmittags. Um von der Haltestelle zum Startpunkt zu kommen, folgen Sie der GC-60 von der Bushaltestelle rund 80 m bis zu einem Abzweig, an dem Sie links in die GC-607 einbiegen. Nach 500 m erreichen Sie den Ausgangspunkt der Wanderung.

P Entlang der GC-607 befinden sich einige Parkmöglichkeiten vor dem Abzweig der GC-671.

Packen Sie ausreichend Wasser, Proviant und Sonnenschutz ein.

Der Ausgangspunkt der Wanderung befindet sich am Parkplatz der Straßengabelung von der GC-607 und der GC-671. Beide Straßen sind nur wenig befahren. Sie folgen der GC-671 nach links. Nach 300 m verlassen Sie die Straße an einem Abzweig ❶ nach links auf den Wanderweg in Richtung El Espinillo. Auch die GC-671 führt in zahlreichen Serpentinen den steilen Hang in die kleine Ortschaft hinab. Die Rundtour um den Roque Bentayga führt Sie in die abgelegene Bergwelt Gran Canarias. Dementsprechend ruhig und entspannend ist das Wandern in diesem Bereich der Insel. Wenn Sie zurückschauen, erkennen Sie die markante Felsnadel des Roque Nublo. Auch der Roque Bentayga ist ein einsamer Felsmonolith. Er ist ein Überbleibsel der frühen Vulkanaktivität auf Gran Canaria. Der Wanderpfad nach El Espinillo ist angenehm zu gehen und von bodennaher Vegetation umgeben.

Links und rechts des Weges wachsen zahlreiche Agaven. Die hohen Stämme sind die Blüten der Pflanze. Die Stämme sehen meist tot aus, was auch nicht falsch ist. Während der Blüte fallen die neuen Pflanzen vom Stamm ab und wachsen am Boden an. Der Stamm (eigentlich Blütenstand) stirbt im Anschluss ab.

Immer wieder bieten sich größere Felsen an, um einen Moment innezuhalten und den Blick hinab in die beeindruckende Schlucht zu werfen. Nach 600 m auf dem Wanderpfad queren Sie die Straße. In engen Serpentinen schlängelt sich der Pfad die nächsten 900 m den Hang hinab. Kurz vor El Espinillo treffen Sie noch einmal auf die GC-671 und folgen ihr ein Stück nach rechts durch den Ort. Die kleine Ortschaft wirkt wie aus einer anderen Zeit; die Uhren scheinen hier merklich langsamer zu ticken. Am Wegweiser des Wanderwegs S-80 zweigt nach links der Zuweg zu einem schönen Aussichtspunkt ❷ ab. An einem gepflegten Kreuz haben Sie eine tolle Aussicht auf den Ort und den Roque Bentayga. Sie kehren zurück zum Wegweiser und folgen dem Wanderweg S-80 nun nach links in Richtung El Chorrillo. Entlang der schönen Gärten des Ortes führt der Weg weiter den Barranco hinunter.

500 m unter El Espinillo ändert der Pfad seine Richtung nach rechts. Es geht hinab in die Talsohle des Barranco. Die Vegetation wird dichter und sogar einige Palmen nutzen diesen sonst sehr trockenen Lebensraum. Der Pfad führt zwischen

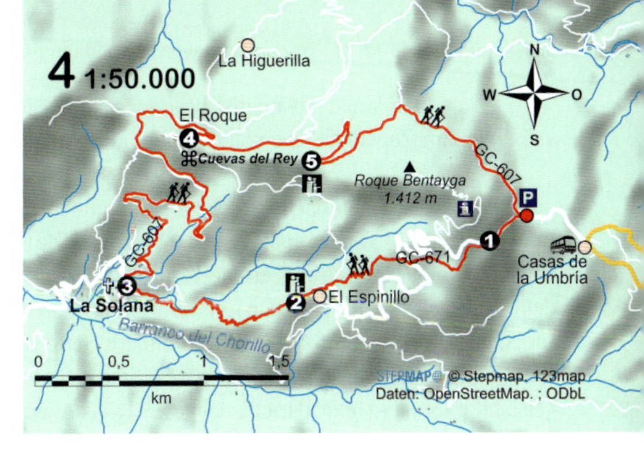

zwei Anwesen hindurch und auf der rechten Hangseite hinauf nach La Solana. Der Ort ist etwas größer als El Espinillo, aber dennoch überschaubar. Typisch kanarische Häuser strahlen eine angenehme Gemütlichkeit aus. Rund um den Ort sind große Terrassen als landwirtschaftliche Nutzflächen angelegt. Bei genauerem Hinsehen erkennen Sie, dass viele der Häuser vor Höhlen gebaut wurden. Neben dem zusätzlichen Wohnraum regulieren die ausgebauten Höhlen auch die Temperatur in den sonst warmen Räumen. Der Wanderweg führt über den schön angelegten Dorfplatz mit der kleinen ✞ Kirche ❸. Oberhalb von El Solana beginnt der Aufstieg zum Kamm rund um den Roque Bentayga. Um die Wegführung brauchen Sie sich nicht sorgen, denn Sie folgen im Aufstieg rechts der Straße GC-607. Obwohl es sich bei Asphalt grundsätzlich nicht um den angenehmsten Untergrund zum Wandern handelt, ist es in diesem Fall recht erträglich. Die GC-607 endet in El Chorrillo und wird somit nur von den wenigen Einwohnern der beiden kleinen Bergdörfer befahren. Um die Füße zu schonen, können Sie auf beiden Seiten neben der Straße auf dem Grünstreifen laufen.

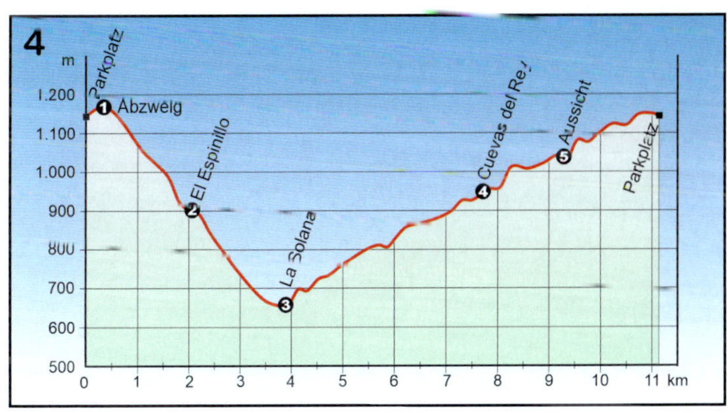

Der 3 km lange Anstieg ist besonders in der Mittagssonne eine schweißtreibende Angelegenheit. Sie sollten daher auf jeden Fall viel trinken.

Der Ausblick hinab nach La Solana und hinüber nach El Chorrillo entschädigt immer wieder für die Strapazen des Aufstiegs. Die Kulisse mit den markanten Tafelbergen im Hintergrund erinnert unweigerlich an den Grand Canyon. Beim kleinen Ort El Roque haben Sie den anstrengenden Aufstieg geschafft. Unterhalb der Siedlung führt die Straße auf die andere Seite des Hangs. Unmittelbar vor dem Ortseingang führt die GC-607 direkt an die steile Felsflanke heran. Eine Hinweistafel informiert über die ehemalige ⌘ Höhlensiedlung Cuevas del Rey ❹.

Ein ganzes System aus Höhlen versteckt sich in dem mächtigen Felsen oberhalb der heutigen Ortschaft. Zu Zeiten der Altkanarier muss diese Gegend dichter besiedelt gewesen sein als heute. Die Höhlen dienten der Lagerung von Getreide, zu Wohnzwecken und zur Verteidigung. Namensgebend ist die 20 m lange und 11 m breite Königshöhle.

Blick nach El Chorillo

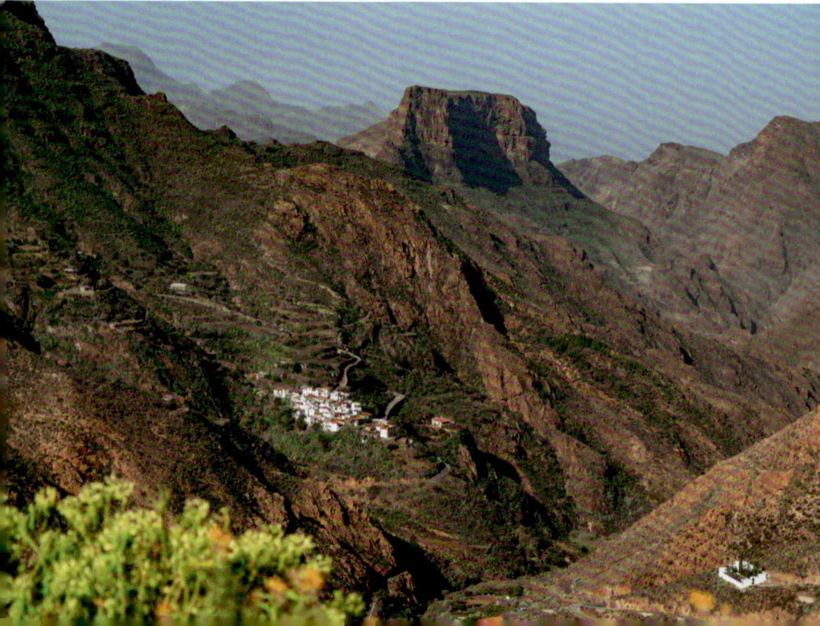

↬ Wenn Sie die alte Höhlensiedlung besichtigen möchten, biegen Sie in der Kehre an der Hinweistafel nach rechts ab. Hinter dem ersten Haus von El Roque halten Sie sich links. Nach 50 m geht der befestigte Weg in einen Pfad über. Weitere 100 m später treffen Sie auf die ersten begehbaren Höhlen. Der Zugangspfad zur Königshöhle ist teils ausgesetzt und nur schlecht gesichert. Der Rückweg zum Abzweig an der Hinweistafel erfolgt auf der gleichen Strecke.

Von dem Hinweisschild zu den Cuevas del Rey folgen Sie dem Straßenverlauf für 1,5 km in Richtung Roque Bentayga. Durch zwei Spitzkehren machen Sie wieder etwas Höhe gut. In der oberen Kehre führt ein unbeschilderter Pfad nach rechts. Nach wenigen Metern stehen Sie an einem Aussichtspunkt direkt an der Kante ❺ und schauen ein letztes Mal hinab in den Barranco del Chorrillo. Anschließend kehren Sie zurück und folgen Sie wieder weiter der Straße. Nach weiteren 650 m macht sie eine 90°-Kurve nach rechts. Auf der linken Seite haben Sie einen fantastischen Ausblick auf die Hochflächen rund um Tejeda und Artenara. Insbesondere im Januar und Februar, wenn die Mandelbäume blühen, ist der Anblick sehr schön. Der letzte Kilometer führt Sie ohne große Höhenunterschiede zurück zum Ausgangsort an der Straßengabelung.

↬ Im Infozentrum finden Sie weitere Infos zu den Altkanariern und der Geologie der Insel. Sie erreichen das Infozentrum, wenn Sie vom Parkplatz links in die GC-671 abzweigen. Am nächsten Abzweig biegen Sie rechts ab und folgen einer schmalen Bergstraße bis zum Ende. Neben einem Parkplatz und Aussichtspunkt befindet sich das Infozentrum.

♦ Centro de Interpretación Bentayga, GC-671, 35368 Tejeda, 10:00-17:00

↬ Im Anschluss an die Tour können Sie noch einen Abstecher hinauf auf den Roque Bentayga machen. Wenngleich der Gipfel nur kletternd erreichbar ist, führt ein gut befestigter Wanderweg vom Infozentrum hinauf auf ein Plateau unterhalb des Gipfels. Durch eine Mauer, die den Altkanariern bei der Verteidigung gegen die Spanier geholfen hat, führt der Weg bis zu einem Opferplatz unterhalb des Gipfels.

5 Auf dem Königsweg von Cruz de Tejeda nach Teror

Für Panoramaliebhaber und Naturfreunde

Auf einem alten Königsweg wandern Sie von Cruz de Tejeda, hoch oben in den Bergen Gran Canarias, hinab nach Teror. Nach einem kurzen Anstieg am Anfang der Tour geht es ausschließlich bergab. Tolles Panorama, dichte Kiefernwälder im oberen Teil und der beeindruckende Abstieg im Barranco del Charquillo Madrelagua machen die Wanderung zu einem super Erlebnis.

→ Start: Cruz de Tejeda, GPS N 28°00.413' W 015°35.975'; Ziel: Plaza de la Alameda, Teror, GPS N 28°03.555' W 015°32.894'

11,8 km

4 Std. 15 Min.

↑↓ 103 m/1.021 m

600-1.619 m

Die Wanderung ist als S-10 ausgeschildert.

Ein Großteil der Wanderung folgt alten gepflasterten Königswegen. Stellenweise ist der Boden dieser Wege ziemlich ausgetreten und im Wald, auf den Steinen auch teilweise rutschig. Sofern Sie Trekkingstöcke dabeihaben, sollten Sie diese auf der Wanderung nach Teror nicht vergessen. Gutes Schuhwerk ist in jedem Fall von Nöten. Auf halbem Weg folgen Sie 1 km der Straße. Die letzten 2,5 km rund um Teror verlaufen ebenfalls auf asphaltiertem oder gepflastertem Untergrund.

Restaurant Cómo como 15 in Teror in der Nähe des Weges

Ausgewiesene Rastplätze gibt es entlang der Strecke keine. In der ersten Hälfte können immer wieder größere Steine zum Pausieren genutzt werden. Im städtischeren Gebiet gegen Ende der Tour gibt es vereinzelte Bänke.

Die Tour ist für Kinder gut begehbar. Es gibt allerdings auch kein besonderes Highlight für Kinder.

Die Tour ist für Hunde gut geeignet. Es gibt viel Natur und abgesehen von Start und Ziel wenig Betrieb.

Start: Bushaltestelle „Cruz de Tejeda", Linie 305 (Las Palmas – Tejeda). Von der Haltestelle folgen Sie der GC-15 für 100 m bis zum zentralen Platz von Cruz de Tejeda. Biegen Sie links in die GC-150 ein. Nach 120 m erreichen Sie den Start der Wanderung. Ziel: Bushaltestelle „Estación de Teror" (die Haltestelle wird von vielen Linien angefahren und ist aus dem Großraum Las Palmas gut erreichbar). Eine direkte Busverbindung zwischen Teror und Cruz de Tejeda gibt es leider nicht.

Die Anreise mit dem Auto ist die angenehmste Variante. Sie können in Teror kostenfrei parken (Carretera las Palmas, 2, 35339 Teror) und mit einem Taxi nach Cruz de Tejeda zum Ausgangspunkt der Tour fahren. Auch am Kreuz Cruz de Tejeda gibt es einen großen Parkplatz (am Ortsausgang in Richtung Pinos de Gáldar an der GC-150 auf der rechten Seite), zu dem Sie sich vom Ziel mit dem Taxi zurückbringen lassen können.

Parada de Taxis de Teror, Calle Párroco Juan González 7, 35330 Teror, ☏ 00 34/928 63 02 89, Preis von Teror nach Cruz de Tejeda bzw. umgekehrt: ca. € 20

Cruz de Tejeda (Das Kreuz von Tejeda)

In den 1960er-Jahren wurde ein Steinkreuz auf dem Pass oberhalb von Tejeda auf einer Höhe von rund 1.520 m errichtet. Das Kreuz steht direkt vor dem Eingang des staatlich geführten Hotels Parador. Es kennzeichnet den topografischen Mittelpunkt Gran Canarias. Die Aussicht in die Bergwelt von Gran Canaria ist überwältigend. Dementsprechend touristisch und gut besucht ist der Ort. Cruz de Tejeda ist ein beliebtes Ausflugsziel für Motorradfahrer und Biker. Auch bei Inselrundfahrten wird hier gerne gehalten. Das Wandernetz in der Gegend ist sehr gut ausgebaut. Zwei große Parkplätze dienen als Ausgangspunkt für schöne Wanderungen in den Bergen. Entlang der Straße befinden sich einige Restaurants und Cafés. An kleinen Buden wird Eis und Krimskrams verkauft. Für Kinder wird zumindest an den Wochenenden Eselreiten angeboten.

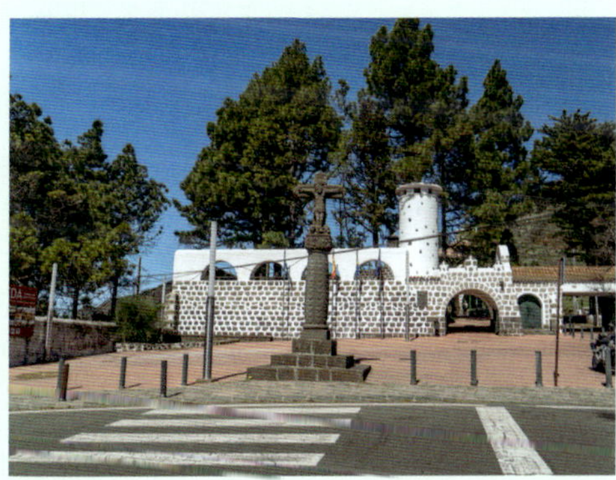

Am Cruz de Tejeda

Ausgangspunkt der Wanderung ist der zentrale Platz von Cruz de Tejeda. Am steinernen Kreuz vor dem Parador starten Sie nach rechts in Richtung der Parkplätze.

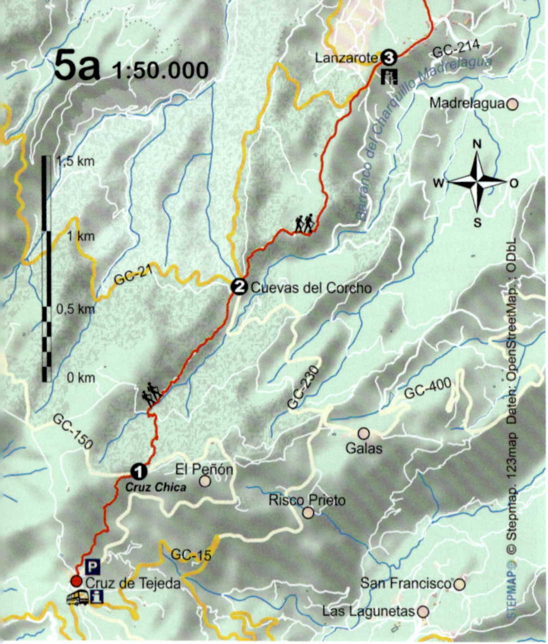

Auf der linken Seite der Parkplätze führt der Wanderpfad den Hang hinauf. Auf einem unscheinbaren Holzwegweiser ist die Route S-10 nach Valleseco und Teror angeschrieben. Lediglich der erste Kilometer der Wanderung führt Sie bergauf. Mit einem Höhenunterschied von rund 100 Hm ist der Anstieg jedoch erträglich. Es lohnt sich, immer wieder einen Blick zurückzuwerfen. Die großen Gipfel der Insel rund um Roque Nublo, Roque Bentayga und Pico de las Nieves sind gut zu sehen. Der Blick reicht weit übers Meer hinaus bis zum Teide auf Teneriffa. An dem Cruz Chica auf 1.610 m haben Sie den höchsten Punkt der Wanderung erreicht ❶. Das Cruz Chica befindet sich direkt an der Straße GC-150, die Sie hier kreuzen. Ein Wegweiser mit der Aufschrift „S-10 Lanzarote, Teror" deutet auf einen Waldpfad. Gemeint ist natürlich nicht die gleichnamige Kanarische Insel, sondern eine Ortschaft auf dem Weg nach Teror. 650 m nach dem Cruz Chica treffen Sie unterhalb von zwei engen Kehren auf eine Gabelung. Sie halten sich rechts und folgen dem Pfad weiter bergab. Es ist ein sehr ruhiger Streckenabschnitt durch teils dichten Kiefernwald, der mit viel Schatten, frischer Luft und einem super Ausblick auf Las Palmas aufwarten kann.

In früheren Zeiten wurde der Weg von den Bewohnern der Bergregion genutzt. Sie haben ihre landwirtschaftlichen Produkte nach Las Palmas auf die Märkte gebracht und sich mit Dingen, die sie nicht selbst produzieren konnten, versorgt.

An der ehemaligen Siedlung Cuevas del Corcho ❷ treffen Sie auf die GC-21, die an dieser Stelle eine spitze Kehre schreibt. Sie folgen der Straße für 50 m nach rechts und biegen dann wieder auf den Wanderpfad nach rechts ab. Einige Meter weiter auf dem Wanderweg finden sich noch einige Überreste der verlassenen Siedlung, wie eine alte Viehtränke und Reste von Höhlenwohnungen. Auf den nächsten 650 m gehen die Kiefern stetig in Ulmen und Kastanien über. In einem kleinen Vulkankrater befindet sich auf der linken Seite ein rustikales Gehöft. Einige Meter unterhalb des Gehöfts geht der Pfad in einen befestigten Weg über. 300 m später verlassen Sie den Weg in einer Kehre nach rechts. Etwa 200 m weiter treffen Sie auf die GC-21. Sie folgen nun dem Lauf der wenig befahrenen Straße nach rechts. Nach 300 m zweigt die GC-21 nach links ab und Sie folgen geradeaus weitere 1,1 km der GC-214. Auf dem asphaltierten Untergrund müssen Sie weniger auf Ihre Schritte achten und können perfekt die Fernsicht am Aussichtspunkt bei Lanzarote ❸ genießen. Lanzarote mit seinen typisch kanarischen weißen Häuschen liegt zu Ihrer Linken und der Barranco del Charquillo Madrelagua zu Ihrer Rechten.

Rund um Lanzarote finden Sie eine für den Norden der Insel typische Kulturlandschaft vor. Es werden Kartoffeln, Äpfel und Getreide angebaut.

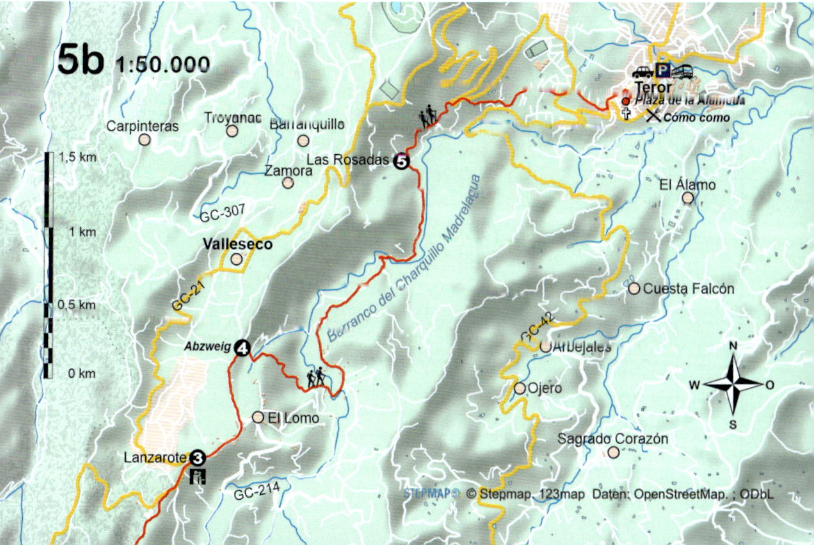

Unterhalb von El Lomo gelangen Sie an einen Abzweig. Sie halten Sich rechts und folgen der Calle el Lomo für 30 m bevor Sie erneut nach rechts abbiegen ❹.

Der Wanderweg S-10 führt Sie hinab in Richtung der Talsohle des Barranco. Ca. 750 m nach dem Abzweig trifft der Wanderweg auf die Calle Fuente Colorada, der Sie nach links folgen. 250 m später erreichen Sie die Talsohle des Barranco. Entlang verwunschener Gärten mit allerhand tropischen Früchten erreichen Sie über eine Treppe den Abzweig Los Naranchos. Hier treffen Sie wieder auf einen breiteren Weg und folgen der Beschilderung nach links in Richtung Teror. An den Hängen des Barranco sehen Sie vereinzelte noch bewohnte Höhlenhäuser. Nach außen ist meist nur ein Raum sichtbar. Der Großteil der Wohnung ist in den Fels geschlagen und nutzt natürliche Höhlen als Lebensraum. Nach 1 km auf dem befestigten Weg geht dieser wieder in einen Pfad über. Der Barranco wird enger und auch die Vegetation dichter.

Auf einem Pfad wandern Sie einen knappen Kilometer durch wilde Natur im unteren Barranco. An einem kleinen Parkplatz erreichen Sie die Siedlung Las Rosadas ❺. Der naturnahe Teil der Wanderung liegt nun weitestgehend hinter Ihnen.

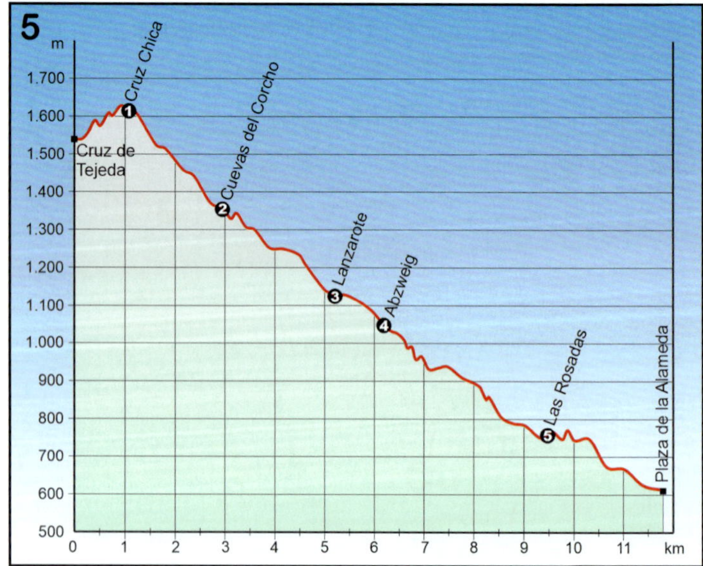

Im Anschluss an die Siedlung treffen Sie abermals auf die GC-21 und folgen ihr nach rechts. Bereits nach 20 m am Straßenrand biegen Sie nach rechts in die Calle Cuesta de los Estanques ab. Nach 240 m gehen Sie nach rechts in eine schmale Gasse, der Sie rund 50 m folgen. Anschließend treffen Sie auf den Camino del Quebradero und folgen diesem 230 m nach links. In einer Rechtskurve geht der Camino del Quebradero in die Calle Isla de Gran Canaria über, der Sie weitere 200 m folgen. Sie treffen wieder auf die GC-21 und folgen der Straße 100 m nach links, queren sie und biegen auf der anderen Straßenseite rechts in die Calle Buenavista ab. 300 m führt Sie die schmale Gasse hinab auf die Hauptstraße. Dieser folgen Sie für 200 m nach links. Nun haben Sie das Ziel der Wanderung, die Altstadt von Teror, erreicht und biegen nach rechts in die Calle de la Diputación ein. Nach 60 m treffen Sie auf die Calle de la Iglesia Chica, eine der schönsten Straßen Terors. Sie biegen nach rechts ab und erreichen nach wenigen Metern die Plaza de la Alameda und die ✞ Basilica Nuestra Señora del Pino.

➪ Wenn Sie der Calle de la Iglesia Chica nach links und nicht rechts folgen, gelangen Sie zum Busbahnhof bzw. den Parkplätzen am Busbahnhof. Folgen Sie dafür zunächst der Calle de la Iglesia Chica und der Calle Real de la Plaza für 170 m bis zu einer Kreuzung, an der Sie rechts in die Calle San Juan Bosco abbiegen. Nach 70 m verlassen Sie die Straße über eine Treppe nach links und gehen weitere 80 m bis zum Busbahnhof.

➪ Etwas entfernt von der Plaza können Sie die Wanderung z. B. im ✗ Restaurant Cómo como 15 ausklingen lassen. Verlassen Sie die Plaza in südöstlicher Richtung und biegen links in die Calle la Mina ein. Dieser folgen Sie 120 m und biegen dann nach rechts in die Calle los Viñatigos ab. Folgen Sie ihr für 100 m über die GC-21 hinweg. Auf der rechten Seite etwas nach hinten versetzt befindet sich das Restaurant.

✗ Cómo como 15, Los viñátigos 15, 35330 Teror, ☏ 00 34/639 84 44 63, nygrenandrea@gmail.com, Mo, MI, Do 13:00-16:30, Fr, Sa 13:00-16:30 19:00-23:30, So 12:00-16:30

☺ Teror zählt zu den sehenswertesten Städten auf Gran Canaria. Im Bereich der Altstadt sind viele authentische Gebäude aus der frühen Kolonialzeit erhalten geblieben. Sie sollten sich noch etwas Zeit nehmen und die Stadt ein wenig erkunden.

6 Fontanales und die Kiefern von Gáldar

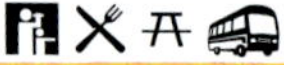

Wanderung für Naturliebhaber

Auf ruhigen Pfaden wandern Sie vom Aussichtspunkt am Kraterrand der Caldera de Gáldar hinab nach Fontanales. Neben einer genialen Weitsicht erwartet Sie überwiegend ruhige Natur. Nach einer gemütlichen Einkehr in Fontanales wandern Sie durch Obstwiesen zurück zu den alten Kiefern am Mirador de Pinos de Gáldar.

Start/Ziel: Mirador de Pinos de Gáldar, GPS N 28°02.322‘ W 015°37.110‘

10,5 km

4 Std. 10 Min.

677 m/677 m

1.017-1.563 m

Vom Mirador bis Fontanales folgt die Wanderung dem Weg S-05. Der Aufstieg zurück erfolgt ohne Beschilderung.

Die erste Hälfte der Wanderung verläuft bis Fontanales überwiegend auf Pfaden und Forstwegen. In der zweiten Hälfte wandern Sie abwechselnd auf asphaltierten Wegen und teilweise recht ausgewaschenen Forstwegen.

Restaurante Sibora leicht abseits des Weges in Fontanales (km 4,8)

Entlang der Strecke gibt es keine ausgewiesenen Rastplätze. In Fontanales (km 4,5) befinden sich einige Bänke und kleinere Restaurants.

Aufgrund fehlender Aktivitäten entlang der Strecke ist der Weg für Kinder eher uninteressant.

Die Tour ist für Hunde gut geeignet. Es gibt viel Natur und wenig Zivilisation.

Wenn Sie mit Bus anreisen, starten Sie die Tour am besten in Fontanales, Bushaltestelle „Supermercado Gama“ (am Weg, km 4,9), Linie 127 (Moya – Fontanales). Am Wochenende fahren nachmittags nur zwei Busse.

P Parkplätze befinden sich am Mirador de Pinos De Gáldar.

Bereits am Ausgangspunkt der Wanderung, dem Mirador de Pinos de Gáldar, haben Sie einen guten Ausblick auf den Vulkankrater Caldera de Gáldar. Der erste Streckenabschnitt der Wanderung führt Sie an einen Aussichtspunkt, an dem Sie eine noch bessere Fernsicht haben. Links des kleinen Parkplatzes steigen Sie dafür über die Leitplanke und gehen einige Meter den Hang hinunter bis auf einen

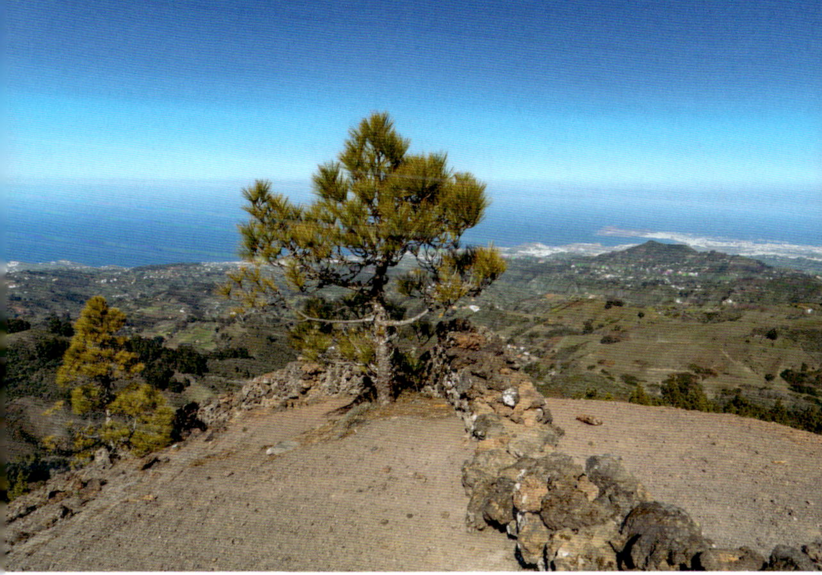

Am Kraterrand

unbeschilderten, aber gut sichtbaren Pfad. Der alte Weg führt Sie bis nach vorne an den Kraterrand ❶, wo Sie eine kniehohe Steinmauer vom Krater trennt. Von hier ist die Aussicht am besten. Die höchste Erhebung des Kraters ist der Vulkankegel Montañón Negro. Sowohl Krater als auch Vulkankegel gehen auf die jüngste vulkanische Aktivität vor rund 3.000 Jahren zurück.

Der Blick reicht vom Parque Natural de Tamadaba ganz links über den Westen und Norden der Insel. An guten Tagen reicht die Sicht bis zur Nachbarinsel Teneriffa. Auch die Inselhauptstadt Gran Canarias, Las Palmas, mit ihrem großen Hafen ist gut zu sehen.

Nach diesem kurzen Abstecher wandern Sie den Pfad zurück zum Parkplatz. Folgen Sie der Straße nach Artenara für 180 m Richtung Süden. Nach rechts zweigt dann ein Wanderpfad ab. Zu beiden Seiten ist er anfangs mit kleinen Steinmauern eingefasst. Auf dieser Route verläuft auch der Jakobsweg auf Gran Canaria.

Zwei parallele Steinmauern führen auch direkt vom Aussichtspunkt nach unten. Gerade im Frühjahr, wenn der Boden mit vielen Kiefernnadeln aus dem

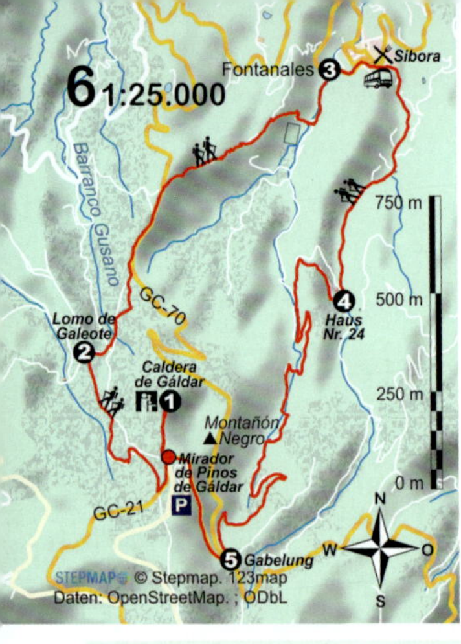

Vorjahr bedeckt ist, sollten Sie lieber den hier beschriebenen Weg durch den Wald laufen. Es besteht Rutschgefahr.

Das Gebiet Pinos de Gáldar hat seinen Namen von den wenigen, rund 350 Jahre alten Kiefern am westlichen Hang des Kraters. Bei verheerenden Waldbränden im Sommer 2019 wurde auch dieses Gebiet schwer verwüstet. Glücklicherweise haben insbesondere ältere Exemplare der Kanarischen Kiefer eine sehr dicke Borke, die sie vor den Flammen schützt. Obwohl die Kiefern tot aussehen, können sie schon wenige Wochen nach einem Brand wieder ausschlagen. In den Bergen werden sie daher häufiger augenscheinlich gesunde grüne Bäume mit schwarzer, verbannter Borke vorfinden.

700 m nachdem Sie die Straße verlassen haben, treffen Sie wieder auf die Mauer, die beim Parkplatz beginnt. Sie folgen dem Lauf der Mauer 350 m nach links bis zum Abzweig Lomo de Galeote ❷. Hier halten Sie sich rechts und wandern weiter auf dem Weg S-05 in Richtung Fontanales. Der Weg führt Sie auf wenigen Metern hinab in die Talsohle des Barranco Gusano und unmittelbar

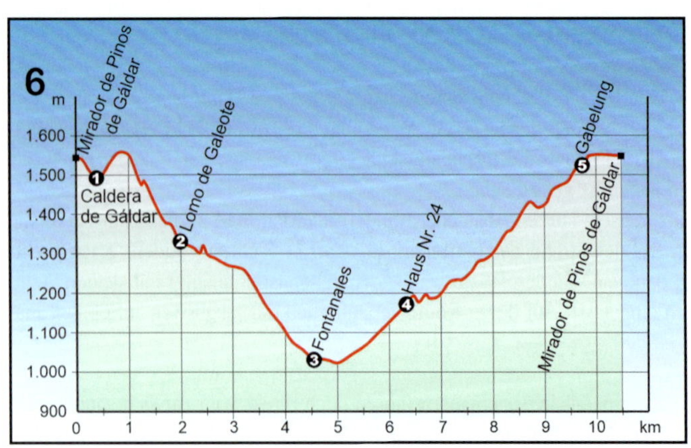

wieder hinauf bis zur Straße GC-70. Für 400 m folgen Sie dem Lauf der Straße. Das Panorama öffnet sich wieder gen Westen und gibt erneut den Blick nach Teneriffa frei. An einem Metalltor im Weidezaun biegen Sie nach rechts ab und lassen die Straße hinter sich. Auf der rechten Seite haben Sie gute Sicht hinauf zum Montañón Negro.

☺ Der Pfad hinab nach Fontanales ist von einzelnen Eukalyptusbäumen gesäumt. Wenn die Sonne auf die Bäume fällt, versprühen sie ein angenehm würziges Aroma.

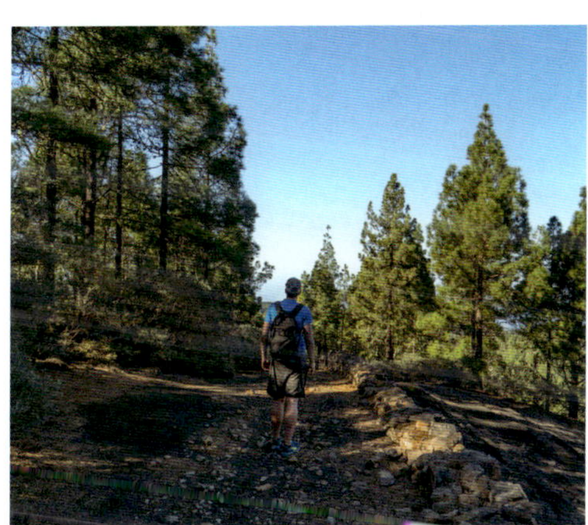

Abstieg nach Fontanales

Der Abstieg auf dem schmalen Pfad verläuft in kurzen, steilen Kehren bis hinab zum Sportplatz. Gegenüber dem Sportplatz, der sich auf Ihrer rechten Seite befindet, steht ein weißes Haus. Hinter dem Haus biegen Sie nach links ab. Nach 300 m erreichen Sie erneut die GC-70 und den Ortsrand von Fontanales ❸. Sie folgen der Hauptstraße Calle Juan Mateo de Castro nach rechts durch den Ort.

Fontanales wurde im Zuge der spanischen Eroberung der Kanaren gegründet. In der fruchtbaren Gegend florierte der Anbau von Zuckerrohr für den Export. Heute zählt das Städtchen zu den schönsten Orten im Norden der Insel. Es ist für seine farbenfrohe Obstblüte bekannt.

Nach nur 300 m auf der Hauptstraße treffen Sie auf einen Wanderwegweiser. Der Rundweg führt weiter geradeaus in die Calle Montañeta de Fontanales, während die Hauptstraße nach links abzweigt.

Wenn Sie der Hauptstraße für 90 m folgen, erreichen Sie auf der linken Straßenseite das Restaurante Sibora.

Restaurante Sibora, Calle Juan Mateo de Castro, 6, Fontanales, 00 34/928 62 04 24, 9:00-0:00, einfache und regionale Küche.

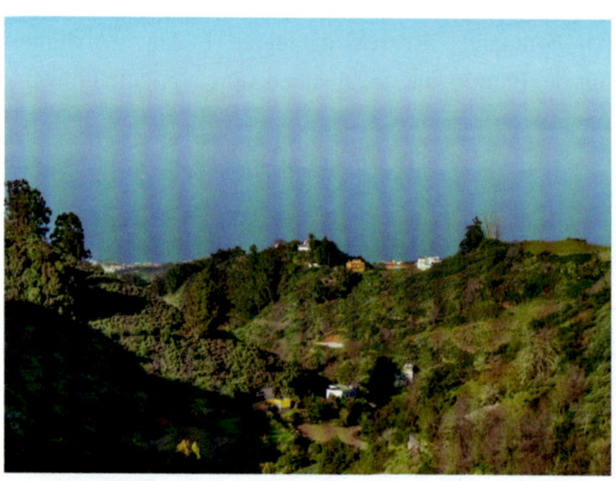

Blick auf Fontanales

Die schmale Straße führt kurz steil bergauf und beschreibt eine 90°-Kurve nach rechts. Anschließend gabelt sich der Weg. Sie folgen dem linken Weg bergab. Am Fuß einer hohen Mauer führt Sie die schmale Straße an den letzten Häusern von Fontanales vorbei.

Langsam, aber sicher beginnt der Aufstieg zurück zum Mirador de Pinos de Gáldar. Begleitet von Gärten und landwirtschaftlichen Flächen führt der Weg hinauf zu einem weißen Haus mit blauer Tür mit der Nr. 24 ❹. Rechts des Hauses queren Sie eine Wiese. Auf einem braunen Erdpfad geht es im Zickzack steil den Hang hinauf. Oben führt der Pfad nach rechts weiter und in einem Linksbogen um den Bergrücken herum. Der Pfad trifft hinter dem Bergrücken wieder auf einen Feldweg, dem Sie nach links folgen. Nach 300 m führen zwei Spitzkehren nach links hinauf. Oberhalb der Kehren wird der Weg deutlich schmaler.

Auf den folgenden 2 km geht es stetig und steil bergauf in Richtung Straße. Teilweise ist der Weg recht ausgeschwemmt und mit tiefen Furchen versehen. Daher müssen Sie auch gegen Ende der Tour Ihre Schritte bewusst setzen. Nach zwei weiteren Spitzkehren erreichen Sie an einer Gabelung die GC-70 ❺. Sie überqueren die Straße und folgen dann dem zweiten Abzweig nach rechts. Am Straßenrand legen Sie die letzten Meter zum Mirador de Pinos de Gáldar zurück.

7 Morro de la Hierba Huerto – Gipfeltour am Chira-Stausee

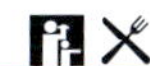

Für Ruhesuchende und Naturliebhaber

In einer großen Runde führt Sie die Wanderung um den idyllischen Chira-Stausee. Vom Gipfel des Morro de la Hierba Huerto haben Sie zeitgleich einen traumhaften Blick auf die Bergwelt Gran Canarias und auf die Dünen von Maspalomas. Auf endlosen Wegen können Sie den touristischen Rummel des Südens bei dieser Tour komplett vergessen.

- Start/Ziel: Parkplatz am Chira-Stausee, GPS N 27°54.317' W 015°38.353'
- 20,7 km
- 7 Std. 45 Min.
- 1.130 m/1.130 m
- 881-1.297 m
- Die Wanderung ist als solche nicht ausgeschildert.

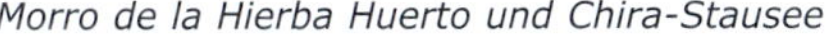

Morro de la Hierba Huerto und Chira-Stausee

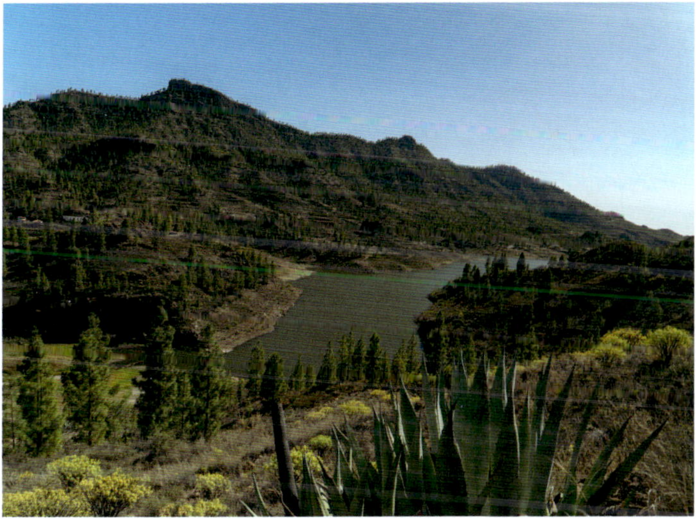

Die erste Hälfte der Tour verläuft überwiegend auf Wanderpfaden. Ab Cercados de Araña wandern Sie hauptsächlich auf befestigten Wegen und kleineren Straßen. Der letzte Kilometer verläuft wieder auf einem Pfad. Unterwegs gibt es nur wenig Schatten.

die Bar Vista Allegre in Cercados de Araña (km 12,7)

Entlang der Strecke gibt es keine ausgewiesenen Rastplätze. Im Bereich um den Gipfel (km 3,5) und auf dem Höhenzug oberhalb des Stausees (km 14) bieten sich Steine zum Sitzen an.

Aufgrund der Länge und des Anspruchs der Tour ist sie für Kinder weniger gut geeignet.

Die Tour ist für konditionell fitte Hunde gut geeignet. Weitläufige Flächen bieten sich zum Austoben an.

Die Tour ist mit Bussen nicht erreichbar.

Parkplatz am Chira-Stausee

Packen Sie ausreichend Wasser, Proviant und Sonnenschutz ein.

Die Wanderung startet unmittelbar am Parkplatz beim Chira-Stausee. Sie laufen Richtung Süden zum Abzweig auf die Staumauer und folgen der Schotterstra-

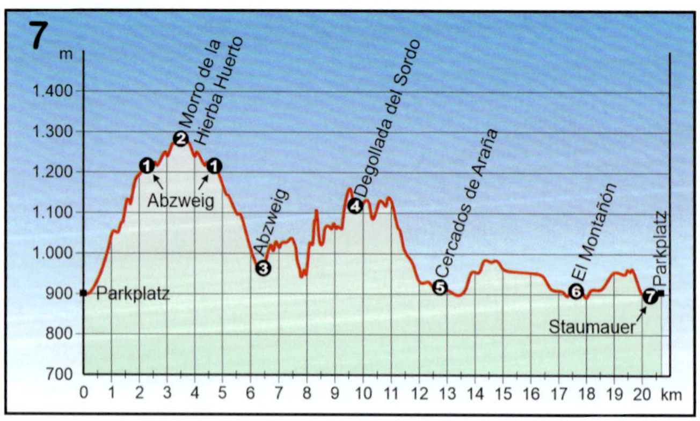

ße für weitere 100 m daran vorbei. Eine betonierte Einfahrt über einen schmalen Kanal neben der Straße führt Sie nach links. Gehen Sie rechts am Eingangstor des Grundstücks vorbei. 70 m laufen Sie auf einem Trampelpfad parallel zum Grundstück, bevor Sie auf einen staubigen Weg treffen. Eine Kehre weiter oben endet

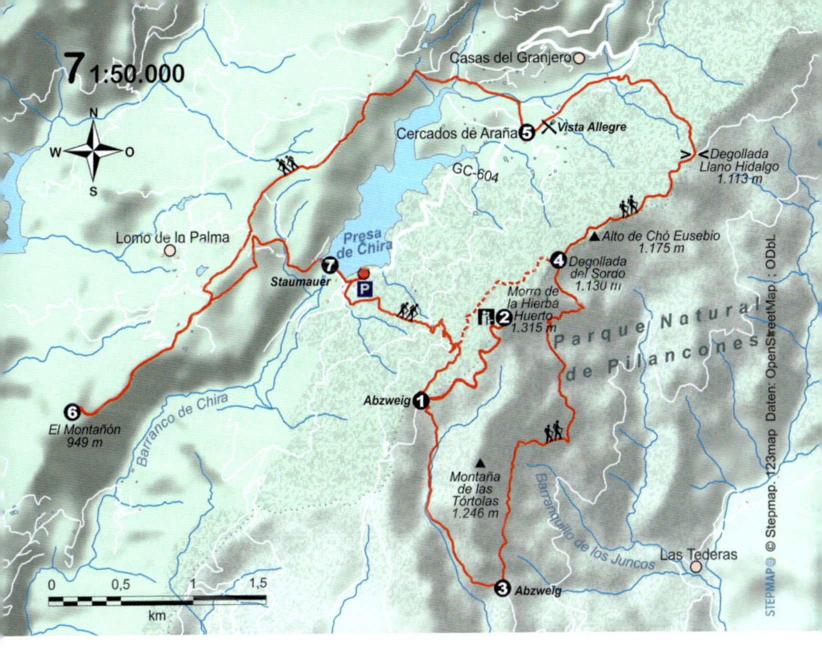

der Weg und Sie folgen einem schmalen Pfad entlang der Wasserleitung. 500 m weiter oben erreichen Sie an einem kleinen Wasserreservoir eine gut ausgebaute Forststraße. Dieser folgen Sie nach links jedoch nur für eine Kehre. 280 m oberhalb des Reservoirs verlassen Sie den Forstweg dann wieder nach links auf einen Pfad. Einige kurze Kehren weiter oben kommen Sie an einen Abzweig, an dem Sie sich für den rechten Pfad entscheiden.

↳ An diesem Punkt können Sie nach links zur Degollada del Sordo ❹ wandern. Sie kürzen damit den Aufstieg auf den Gipfel und den gesamten Weg durch den Barranco ab und sparen 8 km.

Auf einem steilen Waldpfad wandern Sie teils schattig einen guten halben Kilometer hinauf, bis Sie am breiten Grat auf eine Schotterstraße treffen ❶. Am Abzweig geht es auf der Schotterstraße nach links in einigen Kehren hinauf zum Gipfel ❷. Der Gipfel des Morro de la Hierba Huerto ist ein beliebtes Ziel bei Mountainbikern.

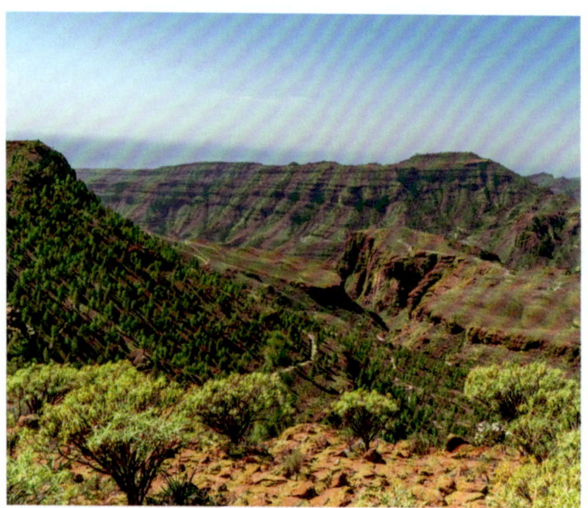
Ausblick vom Gipfel

Vom Gipfel genießen Sie eine tolle Rundumsicht. Neben den Dünen von Maspalomas ist auch der Roque Nublo gut zu sehen.

Ein Rastplatz fehlt am Gipfel, sodass Sie nur einige größere Steine für eine Pause nutzen können. Den Weg bis zum Abzweig ❶ müssen Sie wieder zurückgehen. Hier biegen Sie nun nach links ab. Mit dem Blick auf die Dünen und über das Meer hinaus wandern Sie auf einem schwach ausgetretenen, aber meist gut erkennbaren Pfad bergab. Auf den nächsten 1,7 km verlieren Sie rund 200 Hm.

Durch lichten Kiefernwald führt Sie der Pfad, immer in Nähe der Talsohle, bis zu einer Senke am Fuß des Montaña de las Tórtolas. Der Weg führt Sie dabei um den „Berg der Verliebten“ herum. In der Senke biegen Sie an einem unbeschilderten Abzweig ❸ auf einen Pfad nach links ab. In deutlich steilerem Terrain durchqueren Sie den Barranquillo de los Juncos. Bis zur gegenüberliegenden Felskante halten Sie konstant die Höhe. Der Pfad führt Sie um die Kante herum und steigt auf den nächsten 1,6 km hinauf bis in die Degollada del Sordo ❹. Der Pfad ist durchweg gut erkennbar. Bei steileren Passagen sollten Sie Ihre Schritte dennoch mit Bedacht setzten.

In der Degollada del Sordo haben Sie den Kamm in Richtung Chira-Stausee erreicht. Sie stoßen auf einen breiteren Weg, dem Sie nach rechts folgen. Die nächsten 1,4 km bis zur Degollada Llano Hidalgo sind wohl die schönsten der Wanderung. Zu Ihrer Rechten blicken Sie hinab aufs Meer, links bettet sich der Chira-Stausee in die Landschaft ein und vor Ihnen ragt die Bergwelt Gran Canarias empor. An der Degollada Llano Hidalgo verlassen Sie den Wanderweg S-60 nach links in Richtung Stausee. 1 km trennt Sie noch von der GC-604. Der Weg führt durch Kiefernwald und insbesondere auf den letzten Metern ist es im Staub recht rutschig. An der GC-604 biegen Sie dann links ab.

Nach 500 m am Straßenrand der wenig befahrenen GC-604 erreichen Sie auf der linken Seite die ✗ Bar Vista Allegre in Cercados de Araña. Hier können Sie sich mit einem kleinen Snack oder zumindest einem kühlen Getränk versorgen.

✗ Bar Vista Allegre, GC-604, 67, Cercados de Araña, 35299 San Bartolomé de Tirajana, keine verbindlichen Öffnungszeiten

Weitere 160 m später, wenn Sie das Hoftor mit der Hausnummer 132 passieren, biegen Sie an einem Abzweig nach rechts ab ❺. Folgen Sie der Straße bis zu einem Strommast, hinter dem Sie nach links weiterwandern. Die Straße führt durch locker besiedeltes Gebiet am Rande des Chira-Stausees. An der nächsten Gabelung, bei einer hohen Natursteinmauer, folgen Sie der Straße abermals nach links. Im Anschluss an die Mauer ignorieren Sie einen Abzweig nach rechts und folgen weiter der Straße. Über eine Brücke führt Sie der Weg, nun ansteigend, zu den letzten Häusern der Ortschaft. Umgeben von einigen Kakteen und Agaven verlassen Sie den Ort.

Der befestigte Weg führt bis hinauf zum Cruce de Caminos. Sie verlassen den Weg nach links. Mit Blick auf den Stausee wandern Sie am Hang entlang und treffen 400 m weiter wieder auf eine Schotterstraße. Mit dem Blick ins weite Umland folgen Sie der Straße für ca. 1 km nach links. Der Weg gabelt sich und Sie gehen links, bevor Sie nach ein paar Metern rechts auf einen Pfad abbiegen. Auf der rechten Seite eines Höhenzuges kommen Sie an einer klassischen Höhlenwohnung vorbei. Hinter diesem Grundstück beschreibt der Pfad einen Bogen nach links und trifft auf eine Kreuzung. Sie wandern weiter nach rechts in Richtung El Montañón. Am Abzweig Lomo de la Palma können Sie entscheiden, ob Sie geradeaus den 1,3 km langen Abstecher zum El Montañón mitnehmen möchten. Obwohl der Weg bis zum Gipfel nur auf der Schotterstraße verläuft, lohnt er sich wegen des schönen Ausblicks vom Gipfel ❻. Auf dem Rückweg vom Gipfel folgen Sie der Straße am Abzweig Lomo de la Palma nach rechts. Nach 600 m biegen Sie rechts in einen Pfad ein. Durch bodennahe Vegetation wandern Sie hinab zu einer gemauerten Wasserleitung. Dieser folgen Sie um den Hang herum bis zur Staumauer ❼. Sie sind nun fast zurück am Ausgangspunkt und können in Ruhe den Gang über die Staumauer und den idyllischen Ausblick auf den Stausee genießen, bevor Sie nach links zurück zum Ausgangspunkt gehen.

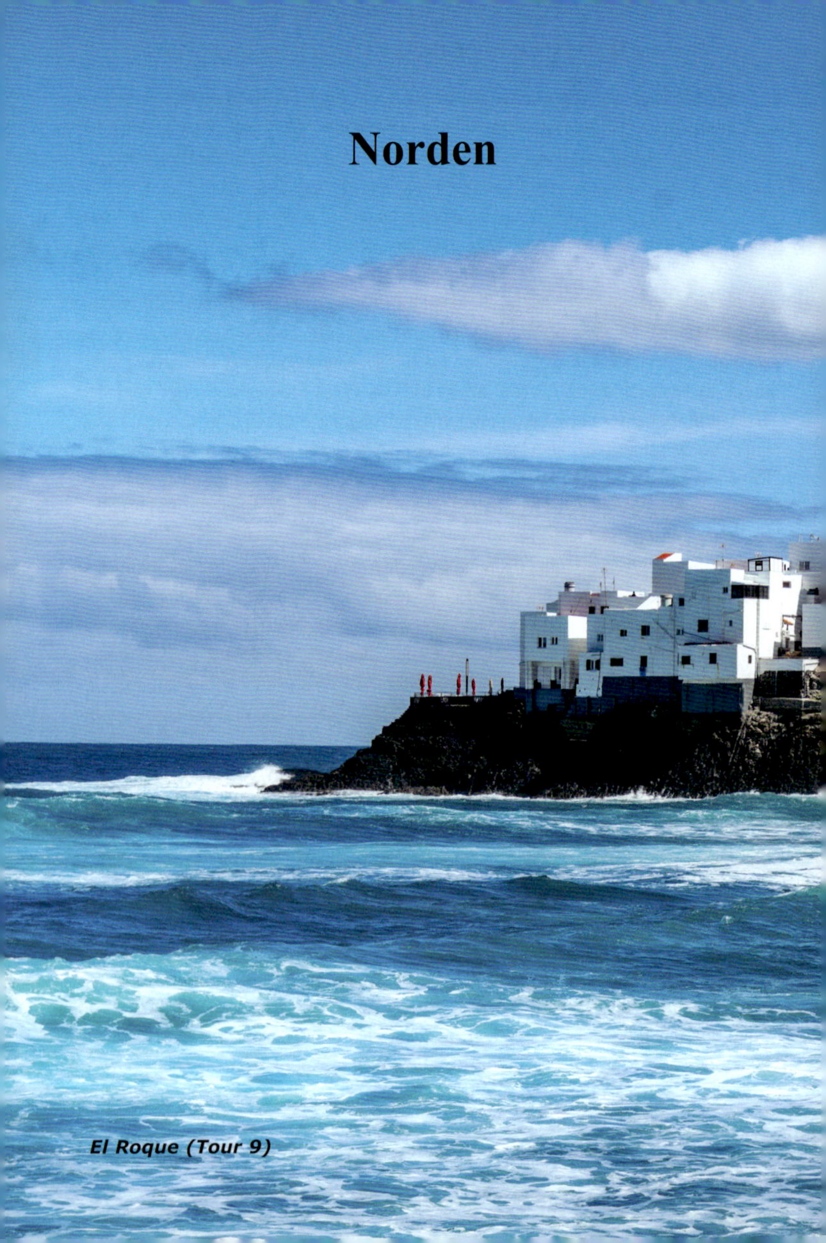

Norden

El Roque (Tour 9)

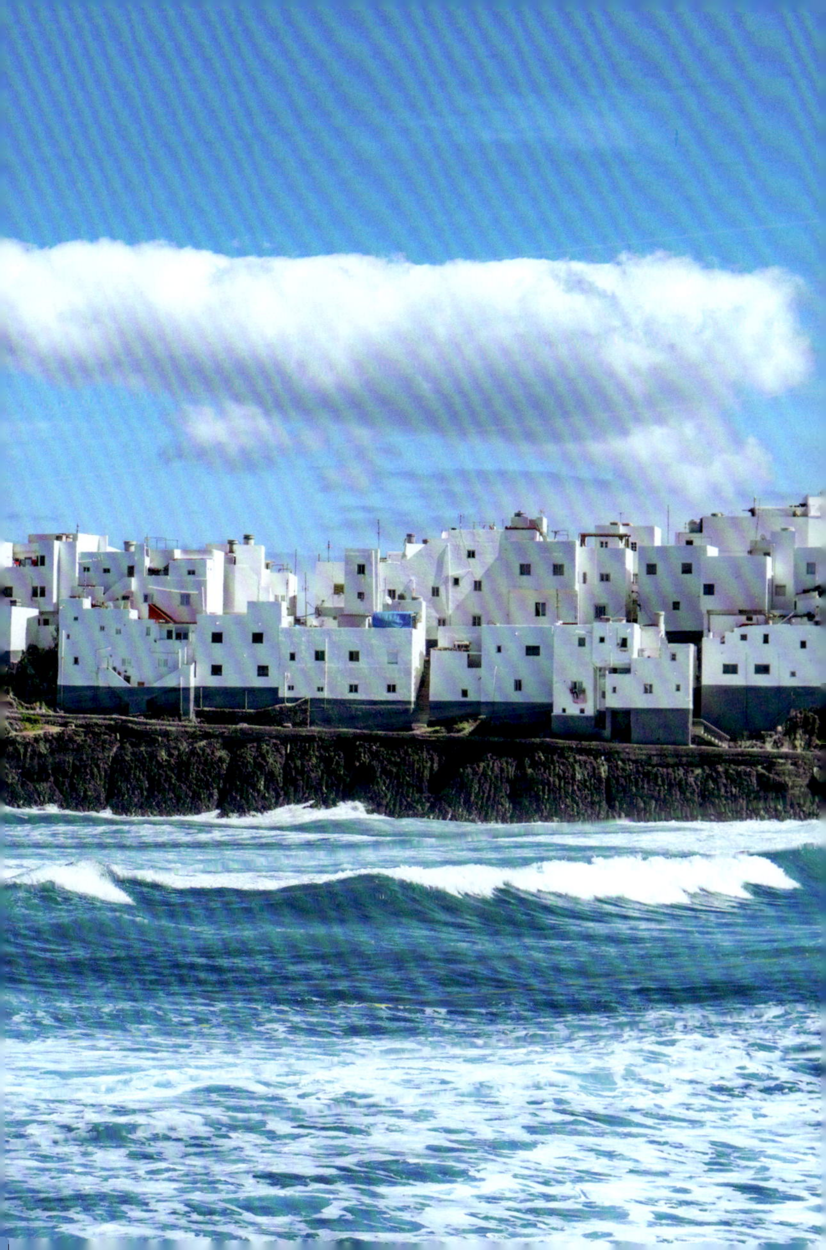

8 Las Palmas – Kultur und Strand in der Inselhauptstadt

Für Stadtliebhaber und Kulturinteressierte

Bei einem Urlaub auf Gran Canaria zählt ein Besuch der schönen Inselhauptstadt Las Palmas zum Pflichtprogramm. Auf dieser Tour werden Sie einige der bekanntesten Sehenswürdigkeiten der Stadt zu Fuß erkunden. Neben dem Kultviertel Vegueta wandern Sie durch das Hafenviertel und können am Stadtstrand baden. Es gibt wenige Orte in Europa, an denen sich Kultur, Lifestyle und Badeurlaub so gut verbinden lassen wie in Las Palmas.

⇆ Start/Ziel: Parkplatz/Bushaltestelle in der Calle Bernardino Correa Viera, GPS N 28°06.077‘ W 015°25.109‘

➲ 15,5 km

⌛ 4 Std. 10 Min.

↑↓ 49 m/49 m

⇧ 0-37 m

✎ Die Wanderung ist als solche nicht ausgeschildert.

Palacio de Justicia in Vegueta

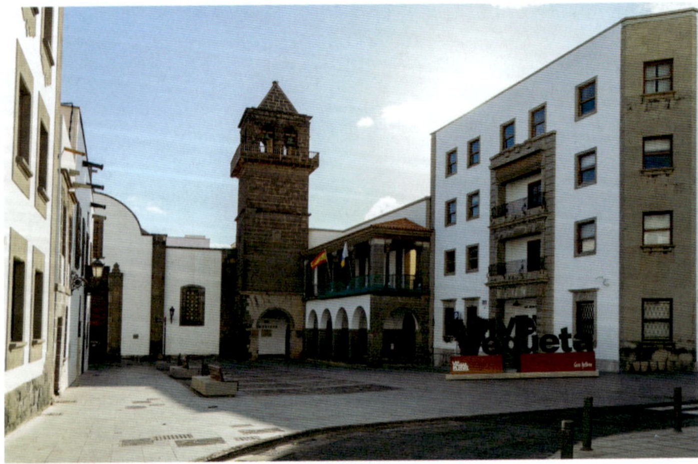

Die gesamte Route verläuft auf festem Untergrund.

In Las Palmas finden Sie endlos viele Einkehrmöglichkeiten. Insbesondere im Hafenviertel und in Vegueta lohnt es sich, die Bars und Restaurants zu testen.

Im Stadtgebiet finden Sie überall Bänke und Sitzmöglichkeiten.

Centro Comercial El Muelle (km 6,9)

Playa de Las Alcaravaneras (km 5,3 bis 5,7 und km 10,3 bis 10,7), Playa las Canteras (km 8 bis 8,7)

WC am nördlichen Ende der Playa de Las Alcaravaneras (km 5,7 und 10,3)

Die Tour ist für Kinder gut geeignet. Auch wenn sie aufgrund der Länge etwas Kondition erfordert, gibt es sehr viel zu sehen und zu erleben.

Für Hunde ist die Stadtwanderung nicht geeignet.

Bushaltestelle „Bernardino Correa Viera, frente 13", Linie 25 (Auditorio – Campus Universitario) direkt beim Ausgangspunkt. Sehr viele Linien fahren die „Estación de guaguas de San Telmo" an (km 2,4 und 13,7). Für einen Besuch in Las Palmas ist die Anreise mit dem Bus die beste Wahl, da die Inselhauptstadt aus allen Regionen angefahren wird.

P Sie können direkt am Ausgangspunkt der Tour im Parkhaus Aparcamiento 1° de Mayo parken, Calle Bernardino Correa Viera, 8- 10. Die Preise schwanken von Zeit zu Zeit, ein Tagesticket kostet ca. € 7.

Die Hauptstadtwanderung durch Las Palmas startet im geschichtsträchtigen Viertel Vegueta. Hier wurde im 15. Jh. der Grundstein von Las Palmas gelegt. Vom Startpunkt folgen Sie der Calle Bernardino Correa Viera ca. 100 m nach Nordosten. Durch einen Treppenabgang gelangen Sie auf die Calle Fuente. Folgen Sie der Straße einige Meter nach links bis zu einem Fußgängerüberweg, queren Sie die GC-5 und gehen Sie durch die Calle Obispo Codina geradeaus auf die Plaza Santa Ana ❶. Die Kathedrale Santa Ana zählt zu den bedeutendsten Wahrzeichen in Las Palmas. Sie folgen der Straße noch einen Block weiter und biegen dann rechts in die Calle Espiritu Santo ein. Nach 120 m treffen Sie auf den gleichnamigen Platz. Auf der linken Seite befindet sich die ✝ kleine Kirche Ermita del Espíritu Santo. Durch die angrenzende Calle Dr. Chil wandern Sie 400 m in Richtung Küste nach links und treffen auf die Plaza de San Agustín. Auf halbem Weg befindet sich auf der rechten Seite das kanarische Museum.

⌘ Museo Canario, Calle del Dr. Vorneau, 2, 35001 Las Palmas, ☎ 00 34/928 33 68 00, www.elmuseocanario.com, Mo-Fr 10:00-20:00, Sa, So 10:00-14:00, Eintritt: Erwachsene € 5, Kinder/ermäßigt € 3, Kinder bis 12 Jahre frei

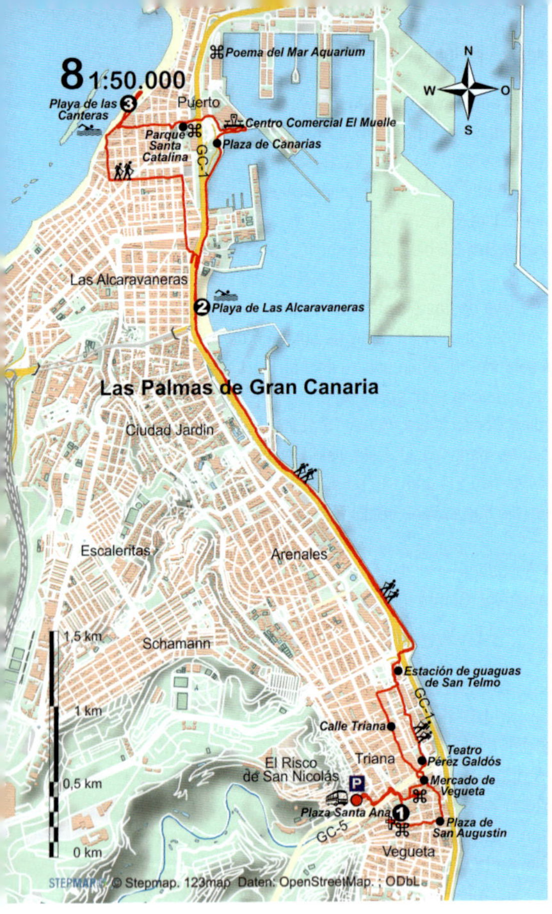

Von der Plaza de San Augustín folgen Sie links der Calle San Augustín und der Calle Mendizábal durch das schöne Viertel. Nach 300 m erreichen Sie die sehenswerte Markthalle Mercado de Vegueta. Sie queren erneut die GC-5 und den großen Platz vorm Teatro Pérez Galdós. Entlang der Avenida Rafael Cabrera gehen Sie 600 m bis zur „Estación de guaguas de San Telmo", dem Busbahnhof San Telmo. Sie gehen über oder durch das Gebäude und nehmen dann die Unterführung unter der GC-1. Auf der gegenüberliegenden Straßenseite haben Sie die Küste erreicht. Entlang des schön angelegten Promenadenweges folgen Sie dem Meer nach links für 3 km bis zum Strand Playa de Las Alcaravaneras ❷.

An dem hellen Stadtstrand können Sie eine Badepause einlegen.

Anschließend folgen Sie dem Promenadenweg für weitere 1,2 km bis zur Plaza de Canarias. Zu Ihrer Rechten befindet sich der Hafen von Las Palmas. Fast täglich legen hier die großen Kreuzfahrtschiffe an und entlassen ihre Gäste in die Inselhauptstadt. Sie können der Pier ein wenig nach rechts folgen.

Gegenüber befindet sich das große Einkaufszentrum Centro Comercial El Muelle.

♦ Centro Comercial El Muelle, Muelle Sta. Catalina, 35008 Las Palmas, ☏ 00 34/928 32 75 27, 10:00-22:00

Am Kreisel vor dem Einkaufszentrum gehen Sie 100 m nach rechts und queren auf Fußgängerüberwegen die beiden aus dem Kreisel kommenden Straßen. Anschließend gehen Sie geradeaus in die Calle Luis Morote, die Fußgangerzone von Las Palmas.

Wenn Sie vor dem Einkaufszentrum nach rechts in die Muelle del Sanapú abbiegen, gelangen Sie zum Aquarium Poema del Mar. Highlight des modernen Areals ist zweifelsohne der mächtige Wasserdom, in dem Sie Auge in Auge riesigen Meeresbewohnern gegenüberstehen können.

⌘ Poema del Mar Aquarium, Muelle del Sanapú, 35008 Las Palmas, ☏ 00 34/928 01 03 50, www.poema-del-mar.com, 9:00-18:00, Eintritt: Erwachsene € 34, Kinder € 23,50

Auf der linken Seite sehen Sie das Museo Elder de la Ciencia y la Tecnología. Das Technikmuseum ist insbesondere bei Kindern sehr beliebt.

⌘ Museo Elder de la Ciencia y la Tecnología, Muelle Sta. Catalina, 35008 Las Palmas, ☏ 00 34/828 01 18 28, www.museoelder.org, Di-Do, Sa, So 10:00-20:00, Fr 10:00-20:30, Eintritt: Erwachsene € 6, Kinder € 3

Für 600 m folgen Sie der Straße und gehen Sie vorbei am Parque Santa Catalina bis zur Playa de las Canteras ❸.

Der weiße Sand und die zentrale Stadtlage der weitläufigen Playa de las Canteras haben ihr den Beinnamen „Copacabana der Kanaren" eingebracht. Eine gewisse Ähnlichkeit mit dem brasilianischen Vorbild ist in der Tat nicht von der Hand zu weisen. Am Strand können Sie getrost eine Pause einlegen.

Sie haben die Hälfte der Stadtwanderung geschafft. Auf dem Rückweg queren Sie das Viertel in der Gegenrichtung. Am südlichsten Punkt geht die

Strandpromenade Paseo las Canteras in die Straße Calle Dr. Grau Bassas über. Dieser folgen Sie 300 m und biegen anschließend nach links in die Calle los Martinez de Escobar ein. Die folgenden 500 m gehen Sie entlang dieser Straße durch das belebte Hafenviertel von Las Palmas in Richtung Meer. An einer Kreuzung folgen Sie der Calle León y Castillo nach rechts. Einen Häuserblock nach dem Abzweig ändert sich der Name der Straße in Calle Pdte. Alvear. 450 m später biegen Sie an einer Kreuzung nach links in die Calle Néstor de la Torre ab und treffen nach 50 m auf die GC-1. Sie gehen einige Meter nach rechts bis zu einer Tankstelle und können die Stadtautobahn auf einer Überführung queren. Auf der anderen Straßenseite treffen Sie wieder auf den Promenadenweg.

Promenade mit Blick auf die Nordküste

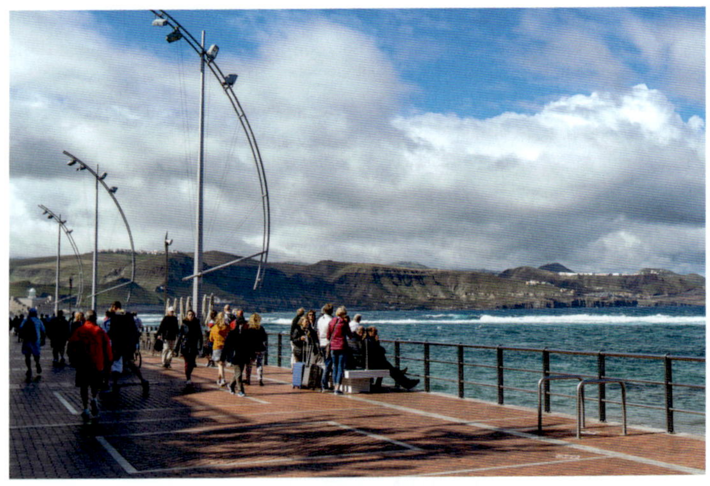

☺ Von der Playa las Canteras zurück zur Playa de Las Alcaravaneras müssen Sie sich nicht zwingend an die genaue Wegführung halten. Nehmen Sie sich Zeit, die Straßen des Hafenviertels auf eigene Faust zu erkunden. Viele kleine Cafés und Geschäfte laden abseits der Flaniermeilen zum Verweilen ein.

Ab der Playa de Las Alcaravaneras folgen Sie dem Promenadenweg rechts auf dem vom Hinweg bekannten Weg zurück zum Busbahnhof. Sie verlassen dann die

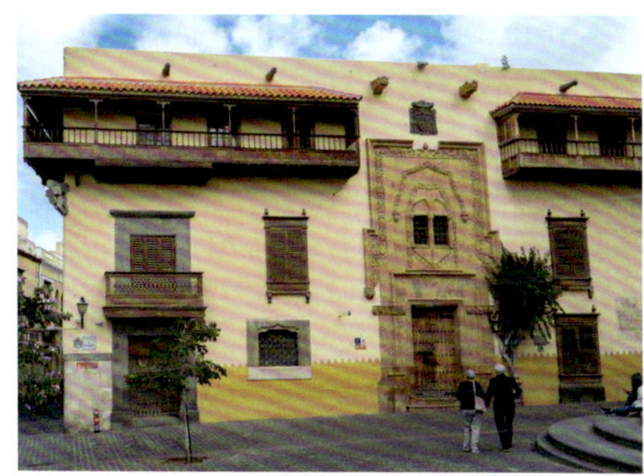

Casa de Colón Kolumbushaus

Avenida Rafael Cabrera vor dem Busbahnhof nach rechts in die Calle Pilarillo Seco. Dieser folgen Sie, bis Sie nach 100 m auf die Calle Triana stoßen. Der bekannten und schön angelegten Einkaufsstraße folgen Sie nach links bis zur GC-5, die Sie hier queren. Vor dem Mercado de Vegueta halten Sie sich rechts und gehen die Calle Pelota hinauf. Nach 100 m stoßen Sie auf die Calle Herrería. Folgen Sie ihr nach links bis zum Kolumbusplatz am Fuße der Kathedrale Santa Ana. Sie stehen nun vor dem Casa de Colón. Hier hat Columbus übernachtet bevor er nach Amerika aufgebrochen ist. Heute ist das Haus ein Museum. Durch die Calle Colón erreichen Sie nach links den Eingang.

⌘ Casa de Colón, Calle Colón, 1, 35001 Las Palmas, ☏ 00 34/928 31 23 73, 💻 www.casadecolon.com, Mo-Sa 10:00-18:00, So 10:00-15:00, Eintritt: Erwachsene € 4, Kinder/Jugendliche bis 18 Jahre kostenfrei

Die Wanderung führt Sie wieder zurück und aus der Calle Colón geradeaus über den Kolumbusplatz in die Calle San Marcial. Nach 100 m erreichen Sie die Calle Obispo Codina, in die Sie rechts abbiegen. Auf dem gleichen Weg wie einige Stunden zuvor gehen Sie die letzten Meter zurück zum Ausgangspunkt der Tour.

9 Sendero la Costa – Entlang der wilden Küste von Arucas

Für Naturliebhaber und geologisch Interessierte

Bei dieser Wanderung auf Gran Canaria können Sie die Hektik des Südens schnell hinter sich lassen. Auf imposanten Wegen führt Sie der Sendero la Costa entlang der wilden Nordküste Gran Canarias von El Puertillo zum Punta de Arucas. Tiefblicke in die tosende Brandung, Bananenplantagen und eine der letzten Salinen auf Gran Canaria sorgen für die nötige Abwechslung am Wegesrand.

Start/Ziel: Parkplatz am Ortsrand von El Puertillo, GPS N 28°09.172‘ W 015°31.859‘

11,2 km

3 Std. 40 Min.

276 m/276 m

10-90 m

Die Tour wird auf einem Hinweisschild beschrieben, ist jedoch nicht ausgeschildert.

Die Wanderung verläuft ausschließlich auf Pfaden entlang der Küste. Der Untergrund ist meist erdig oder von vulkanischem Sand bedeckt. Unterwegs gibt es nur wenig Schatten.

Restaurant Kawamba (ein paar Hundert Meter vom Start/Ziel entfernt). 10 Autominuten entfernt befindet sich außerdem die Bar Locanda El Roque.

Entlang der Strecke gibt es keine ausgewiesenen Rastplätze. Die felsigen Klippen bieten jedoch jede Menge natürliche Sitzplätze.

Felsenbecken beim Strand Charco de las Palomas (km 2,3 und 8,9). Auf einem kurzen Abstecher können Sie vom Start/Ziel auch den Strand von El Puertillo erreichen.

Für Kinder ist die Tour gut geeignet. Die steilen Klippen und dunklen Höhlen bieten viel zu entdecken.

Die Tour ist für Hunde gut geeignet. Am Strand von El Puertillo, zu dem Sie am Ende der Tour einen Abstecher machen können, sind Hunde nicht erlaubt.

Bushaltestelle „Las Salinas“ (die Haltestelle wird von sehr vielen Linien, überwiegend aus der nördlichen Inselhälfte angefahren). Von der Bushaltestelle folgen Sie der Straße für 300 m nach Westen und biegen dann nach rechts ab. Nach insgesamt 500 m treffen Sie auf den Startpunkt der Tour.

P Am Ortsausgang von El Puertillo befindet sich auf der linken Seite ein großer Parkplatz (Paseo Miramar).

Hinweis für Wanderer, die aus dem Süden der Insel kommen: Der Berufsverkehr rund um Las Palmas ist sowohl morgens als auch abends nicht zu verachten. Starten

Sie die Tour antizyklisch, z. B. um die Mittagszeit, oder planen Sie für die Anreise etwas mehr Zeit ein. Mit Google Maps funktionieren die Verkehrsberechnungen auf Gran Canaria übrigens sehr verlässlich.

Ausgangspunkt der imposanten Küstentour ist ein kleiner Parkplatz am Ortsausgang von El Puertillo. Vom Parkplatz wandern Sie nur etwa 150 m an der Straße entlang gen Nordosten, bis diese am Eingang zu einer kleinen Firma endet. Je nach Wasserstand ist es möglich, einer Treppe nach links hinunter zum Ufer zu folgen. Der eigentliche Weg führt jedoch vor den Toren der Firma rechts bergauf. Nach ca. 50 m verlassen Sie den breiteren Weg und biegen nach links auf einen Pfad ab. Achten Sie auf das rote Rohr, welches aus dem Hang kommt, und Sie werden den Abzweig nicht verfehlen. Nach den ersten Metern bergauf führt der Weg nun ohne große Höhenunterschiede zu den Salinas del Bufadero ❶.

Aus Meerwasser wird in der Saline auf natürliche Art und Weise Salz gewonnen. Kleine Becken im Lavagestein werden mit Meerwasser befüllt, welches über die Zeit verdunstet. Zurück bleibt natürliches Salz. Besonders beliebt sind die Salzkristalle an der Oberfläche der Becken, die sog. Fleur de Sel.

Die wilde Nordküste

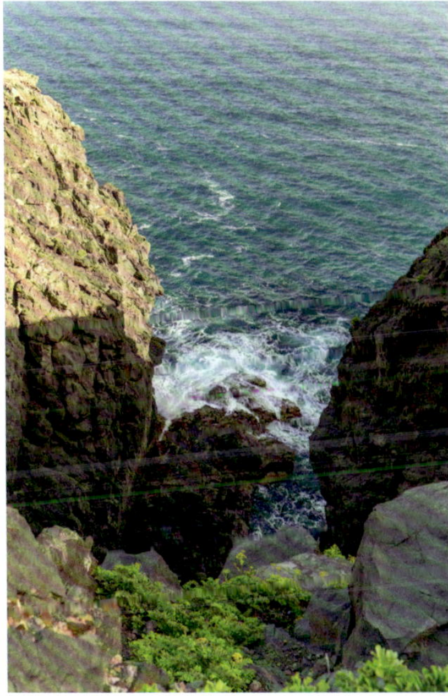

Auf Gran Canaria ist die Wanderung als Sendero la Costa, zu Deutsch „Küstenwanderung“, bekannt. Spätestens ab der Saline macht der Weg seinem Namen alle Ehre. Nach weiteren 500 m entlang der Küste erreichen Sie die Punta del Caletón. Auf der linken Seite haben Sie einen imposanten Ausblick auf die Klippen der Küste.

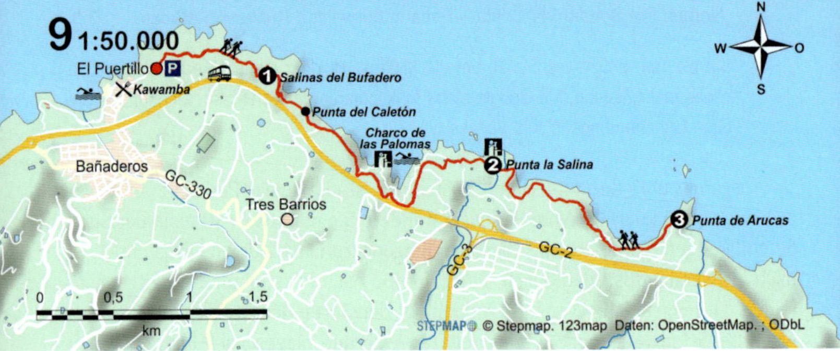

Weitere 600 m später liegt auf Ihrer linken Seite der steinige Strand Charco de las Palomas. Einige natürliche Felsenbecken werden bei günstigen Gezeiten als Pool genutzt. Insbesondere an den Wochenenden können Sie hier meist auf eine Handvoll Einheimische treffen.

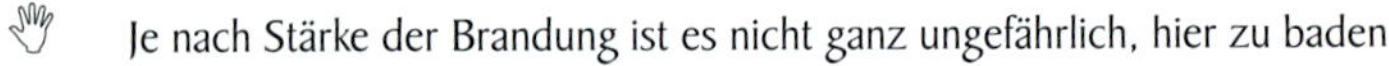
Je nach Stärke der Brandung ist es nicht ganz ungefährlich, hier zu baden.

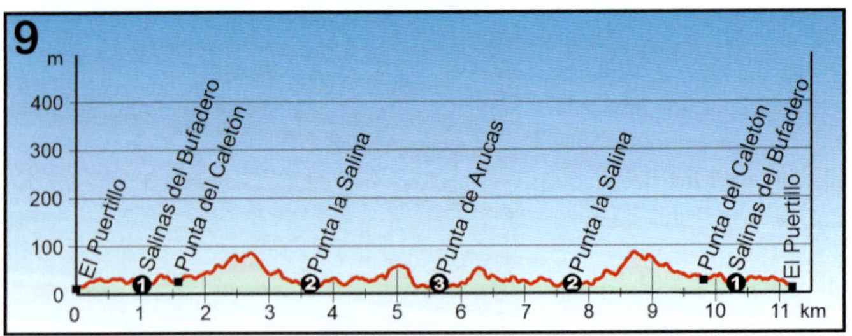

Obwohl die Straße nicht weit entfernt ist, dominiert die spektakuläre Steilküste die Szenerie. Zwei Hinweistafeln informieren an einem Aussichtspunkt oberhalb der Becken zum einen über den Wanderweg, zum anderen über die vulkanische Vergangenheit Gran Canarias. Wer genau hinschaut, entdeckt am Rand der Klippen kleine und relativ primitive Höhlenhäuschen. Teilweise werden diese spartanischen Behausungen nach wie vor von Aussteigern bewohnt.

Vom Aussichtspunkt gehen Sie wenige Meter entlang der Straße. An einem Tor mit Ausrufezeichen verlassen Sie die Straße nach links und gehen auf einem schlecht erkennbaren Pfad rechts am Tor vorbei. Sie stehen nun vor einer

Bananenplantage, an der Sie links vorbeigehen. Hinter der ersten Plantage macht der Weg eine Rechtskurve und führt dann zwischen zwei Bananengewächshäusern hindurch. Teilweise sind die Abdeckplanen durch die raue Seeluft beschädigt. An diesen Stellen lohnt es, sich einen Blick hineinzuwerfen. Hier wachsen die beliebten kanarischen Bananen.

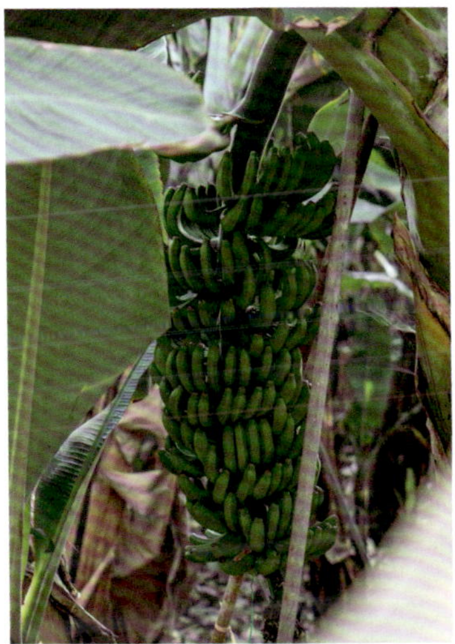

Einblick in eine Bananenplantage

☺ Die kleinen und leckeren kanarischen Bananen können Sie eigentlich in allen Supermärkten auf der Insel erwerben. Gleiches gilt auch für die kanarischen Tomaten.

Zurück an der Küste ist der Pfad wieder besser erkennbar. Teilweise wird die Strecke zu den Seiten durch Steine begrenzt. Dennoch sind Sie gut beraten, den GPS-Track der Tour auf Ihrem Smartphone dabeizuhaben. 400 m hinter den Gewächshäusern erreichen Sie die Punta la Salina ❷, ein Gebiet, wo Sie mit wenigen Schritten das Ufer erreichen können.

Wenn Sie einige Meter nach links in Richtung Meer gehen, haben Sie einen gewaltigen Blick auf die schäumende Brandung des Atlantiks.

Seien Sie vorsichtig, wenn Sie ans Wasser gehen. Baden sollten Sie hier keinesfalls, da es zu unberechenbaren Strömungen kommt.

Nach einer weiteren Bucht, die Sie diesmal hoch oben auf der Klippe umgehen, ist das Ziel schon zu sehen und in greifbarer Nähe. Bis zur Punta de Arucas folgen Sie weiter dem Pfad entlang der Küste. Über einen steil abfallenden Grashang führen die letzten Meter zur Punta de Arucas, einem Plateau über dem Meer ❸. Ein Kreuz markiert das Ziel der Küstentour.

Die Inselhauptstadt Las Palmas ist nicht weit entfernt und bei genauem Hinschauen können Sie die beliebte Playa de las Canteras erkennen. Obwohl der

Wind meist heftig über das Plateau hinwegfegt, findet sich immer ein mehr oder weniger windstilles Plätzchen für eine Rast. Die kühle Meeresluft und die Szenerie der imposanten Steilküste lassen Sie sicherlich einmal mehr vergessen, dass die belebten Strände rund um Playa del Inglés nur rund 60 km entfernt sind.

Der Rückweg erfolgt auf der gleichen Strecke wie der Hinweg. Dennoch werden Sie mit Sicherheit viele Details entlang der Klippen bemerken, die Ihnen auf der ersten Hälfte der Tour nicht aufgefallen sind. Wer absolut schwindelfrei und trittsicher ist, kann den Steilhang zu Beginn des Rückweges auch auf dem unteren Pfad durchqueren. Der direkte Blick hinab in die Brandung könnte gewaltiger nicht sein. Im Zweifelsfall folgen Sie, wie auf dem Hinweg, dem oberen der beiden Pfade.

Die raue Seeluft macht bekanntlich Appetit. Wenn Sie dem Paseo Miramar vom Parkplatz weitere 300 m folgen, treffen Sie auf der linken Straßenseite auf das kleine Restaurant Kawamba.

Kawamba, Paseo Miramar, 102, 35414 El Puertillo, ☎ 00 34/928 62 79 45, Mo, Mi, Do 19:30-23:00, Fr 19:30-0:00, Sa 13:00-16:00, So 13:00-16:00, 19:30-23:00, kanarisch angehauchtes Fast Food

Nach der Wanderung können Sie am Strand von El Puertillo baden. Nicht selten werden Sie hier ausschließlich Einheimische antreffen. Verlassen Sie den Paseo Miramar auf Höhe des Restaurants Kawamba nach rechts in die Calle Playa de Puerto Rico. Nach 80 m haben Sie den Eingang zum Strand erreicht.

☺ Nur knapp zehn Autominuten westlich des Parkplatzes in El Puertillo befindet sich der imposante Felsen „El Roque". Die Häuser wurden dicht an dicht auf dem Felsen an der Steilküste gebaut. Ein einmaliger Anblick, der nur durch den Besuch der Bar Locanda El Roque, direkt über den Wellen, übertroffen werden kann.

Bar Locanda El Roque, Calle el Roque, 58, 35413 Moya, ☎ 00 34/928 61 00 44, Di-Sa 12:30-23:00, So 13:00-18:00

⑩ Von Agaete zur Playa de Guayedra

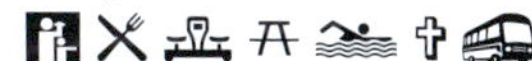

Wanderung für Wasserratten und Naturliebhaber

Die Tour ist eine abwechslungsreiche Wanderung im Nordwesten Gran Canarias. Von Agaete wandern Sie entlang der Straße nach Puerto de las Nieves. Anschließend führt Sie die Wanderung an den abgelegenen Strand Playa de Guayedra. Nach einer Abkühlung im Meer wandern Sie auf ruhigen Pfaden zurück nach Agaete.

↻ Start/Ziel: Parkplatz vor dem Blumengarten in Agaete,
GPS N 28°05.940‘ W 015°42.013‘

11,5 km

4 Std. 30 Min.

576 m/576 m

0-361 m

Am Parkplatz in Agaete

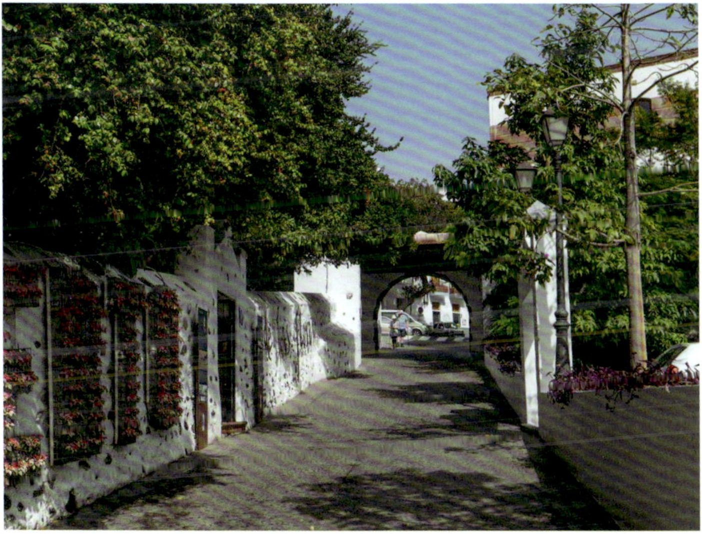

✎ Von Agaete bis Puerto de las Nieves ist der Weg nicht ausgeschildert. Ab dem Abzweig auf den Wanderweg nach dem Abstecher nach Puerto de las Nieves ist die Wanderung bis zur Playa de Guayedra ausgeschildert. Der Rückweg nach Agaete verläuft auf einem unbeschilderten Pfad.

Bis Puerto de las Nieves und zurück zum Abzweig auf den Wanderweg folgen Sie asphaltierten Wegen an der Straße. Der Auf- und Abstieg zur Playa de Guayedra erfolgt auf teils steinigen Pfaden. Vor dem Abstieg zum Strand läuft der Weg 500 m am Straßenrand entlang. Der Auf- und Abstieg zum bzw. vom Aussichtspunkt folgt ebenfalls einem Wanderpfad. Unterwegs gibt es nur wenig Schatten.

Einkehrmöglichkeiten gibt es in Agaete rund um den Dorfplatz. Gemütliche Fischrestaurants finden sich an der Hafenpromenade von Puerto de las Nieves.

Entlang der Strecke gibt es keine ausgewiesenen Rastplätze. Am Strand von Puerto de las Nieves (km 1,7) gibt es neben dem schönen Sandstrand auch Bänke. An der Playa de Guayedra (km 6) liegen sehr viele große Steine, die sich bestens zum Sitzen eigenen.

SPAR-Supermarkt (km 0,9 und 2,7)

Playa Dedo de Dios (km 1,6), Playa de las Nieves (km 1,8 bis 1,9), Playa de Guayedra (km 5,4 bis 6,2)

Die Tour ist für Kinder gut geeignet. Zwei Badestellen sorgen für die nötige Abwechslung beim Wandern. Die Länge der Tour erfordert jedoch eine gewisse Fitness von Ihren Kindern.

Die Tour ist für Hunde weniger gut geeignet. An den Stränden sind Hunde nicht erlaubt. Wenn Sie aufs Baden verzichten, können Sie die Tour dennoch mit Hund bis vor die Strände erwandern.

Bushaltestelle „Iglesia de Agaete“ (die Haltestelle wird von vielen nördlichen Linien angefahren) (am Weg bei km 0,3).

P Vor dem Blumengarten befindet sich ein großer Parkplatz (Calle Huertas). Weitere Parkplätze befinden sich auf einem Schotterplatz im Barranco unterhalb des Blumengartens.

Packen Sie ausreichend Wasser, Proviant und Sonnenschutz ein.

Sie starten die Wanderung am Blumenpark in Agaete. Vom Ausgangspunkt führt der Weg links durch die enge Straße Calle Huertas auf die Plaza de la Constitución. Vor der Kirche biegen Sie nach links in Richtung Puerto de las Nieves ab. Sie überqueren den Barranco auf einer Brücke. Es folgen zwei Kreisverkehre. Den ersten verlassen Sie an der ersten, den zweiten an der zweiten Ausfahrt. Der Fußgängerweg entlang der Straße macht eine leichte Rechtskurve und Sie können auf der gegenüberliegenden Straßenseite bereits den Abzweig ❶ erkennen, an dem die Wanderung später in Richtung Playa de Guayedra weiterführt. Lassen Sie sich von den ersten Metern am Straßenrand nicht abschrecken. Die Tour hat noch viele schöne Eindrücke zu bieten. Für 600 m folgen Sie dem Fußgängerweg am Straßenrand.

Auf halber Strecke bietet ein Supermarkt (Mo-Sa 8:30-21:30) die Möglichkeit, sich z. B. mit einem Eis oder kühlen Getränken zu versorgen. Bei den ersten Häusern von Puerto de las Nieves auf der rechten Seite biegen Sie nach links in die Caretera al Puerto de las Nieves ein. Direkt am Hafen geht die Straße in die alte Pier von Puerto de las Nieves über.

Puerto de las Nieves bedeutet sinngemäß „Schneehafen". Ausschlaggebend für die Namensgebung ist die gute Sicht nach Teneriffa und auf den Teide. Der Gipfel des höchsten Bergs Spaniens ist mit etwas über 3.710 m nicht selten in ein weißes Kleid aus Schnee getaucht.

Die Fähre nach Santa Cruz auf Teneriffa nutzt längst einen größeren, zweckmäßigeren Anleger weiter rechts. Der Antiguo muelle de Agaete, wie er landessprachlich heißt, dient heute sonnenhungrigen Badegästen zum Entspannen. Ebenfalls trennt die Pier die beiden Naturstrände Playa Dedo de Dios und Playa de las Nieves.

Auf der linken Seite der Playa Dedo de Dios erkennen Sie einige Hundert Meter weit der Küste folgend eine markante Felsformation im Wasser. Der sogenannte „Finger Gottes" war eine spitze Steinnadel am Gipfel des Felsens. Sie zählte wegen ihres imposanten Aussehens zu den Wahrzeichen Gran Canarias. Bei einem Tropensturm 2005 brach die Spitze des markanten Gottesfingers ab und stürzte ins Meer. Der untere Teil des Felsens ist noch gut erkennbar.

Blick auf Puerto de las Nieves und den Dedo de dios

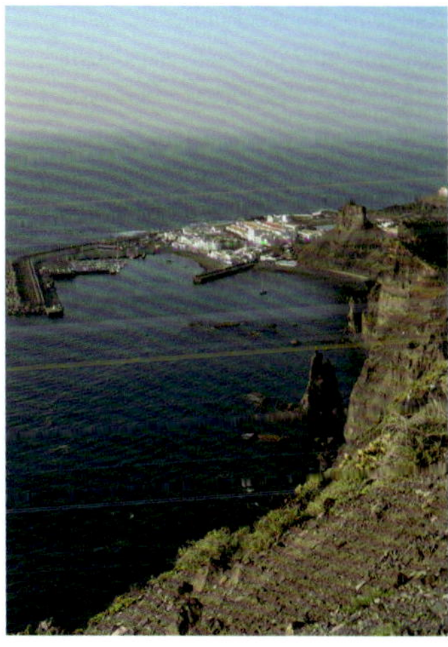

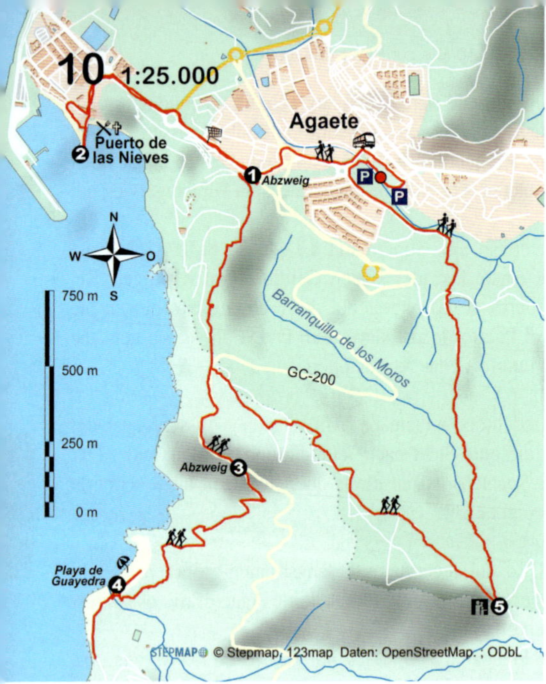

Die Wanderung führt Sie bis zum äußersten Ende der Pier ❷. Einige Infotafeln in der Mitte geben interessante Einblicke in das Leben des kleinen Hafenstädtchens. Auf dem Rückweg von der Pier biegen Sie links auf die Hafenpromenade ab. An gemütlichen ✕ Fischrestaurants vorbei führt der Weg zu einem kleinen Platz und wieder nach rechts. Sie stoßen direkt auf die ✝ Kirche Ermita de las Nieves. An der Kreuzung weiter rechts schließt sich der kurze Rundgang durch Puerto de las Nieves und Sie wandern entlang der Straße auf bekanntem Weg nach links zurück zum Abzweig ❶. Am Abzweig startet der Wanderweg zur Playa de Guayedra. Die Wanderung macht von der Straße eine Kehre nach rechts in eine schmalere Straße. Von dieser biegen Sie nach etwas mehr als 50 m links auf den Wanderweg ab. Die insbesondere bei Einheimischen sehr beliebte Playa de Guayedra ist hier bereits ausgeschildert. Auf den folgenden

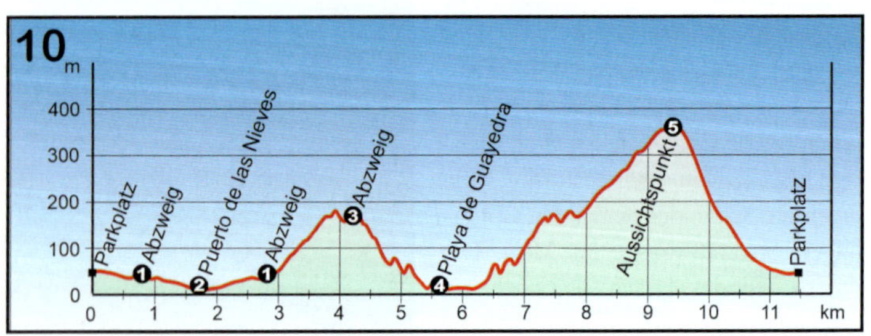

900 m gilt es, rund 150 Hm zu bewältigen. Der Wanderweg ist gut ausgebaut und führt in Serpentinen hinauf bis zur GC-200.

Auf den nächsten 450 m wandern Sie auf der GC-200 nach rechts. Die mitunter enge Straße ist recht stark befahren. Als Panoramaroute ist sie auch bei weniger erfahrenen Touristen sehr beliebt. Wandern Sie am Rand der linken Fahrbahn auf der Seite des Gegenverkehrs. Die Straße verläuft direkt an den Klippen entlang. Der Autoverkehr hat hier Vorrang.

Den Abzweig rechts hinunter zur Playa de Guayedra ❸ können Sie nicht verfehlen. Auf einem Wanderpfad geht es auf 1,2 km in Serpentinen hinab zum schönen Naturstrand ❹. Der Strand bildet den Abschluss des Barranco de Guayedra. Die Gegend zählt zu den gewaltigsten und schönsten der ganzen Insel.

Während des gesamten Abstiegs genießen Sie einen sagenhaften Ausblick auf die imposante Westküste Gran Canarias. Steil fallen die Klippen ins Meer hinab. Ein schönes Fotomotiv jagt das nächste.

In unmittelbarer Strandnähe befindet sich eine sehr ruhige Urlaubsanlage mit acht Fincas. Bei der Playa de Guayedra handelt es sich um einen FKK-Strand.

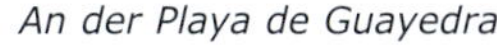

An der Playa de Guayedra

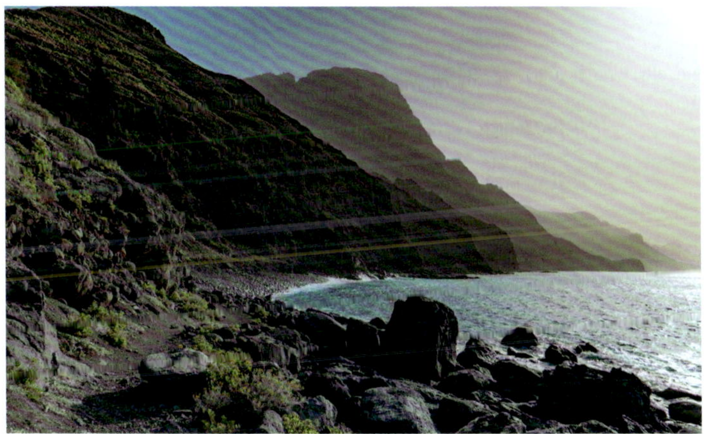

Kleine Steinmauern entlang des ganzen Strandes sorgen bei vielen Besuchern für die nötige Diskretion. Anders als die künstlich angelegten Strände im Süden ist die Playa de Guayedra von dunklem Lavagestein geprägt. Der obere Teil besteht aus größeren Felsen und Kiesel. Je nach Gezeiten ist auch ein feiner dunkler Sand vorhanden.

Obwohl der Atlantik mit seiner vollen Brandung auf die Küste im Westen trifft, ist es meist möglich, an der Playa Guayedra zu baden. Bedenken Sie jedoch, dass es keine Badeaufsicht gibt. Gehen Sie daher keine unnötigen Risiken ein.

In beide Richtungen können Sie rund 150 m weit entlang des Strandes laufen. Der Rückweg bis zum Abzweig, an dem Sie auf dem Hinweg auf die GC-200 gestoßen sind, erfolgt auf der bekannten Strecke. Am Abzweig folgen Sie nun dem Schotterweg nach rechts weiter den Berg hinauf. 1,5 km und 200 Hm trennen Sie noch vom Aussichtspunkt hoch über Agaete. Die meisten Serpentinen im Aufstieg können Sie problemlos auf den ausgetretenen Abkürzungswegen umgehen. Links und rechts des Weges finden Sie nur flachen Bewuchs und an windigen Tagen kann es hier oben mitunter recht kühl werden.

Am höchsten Punkt ❺ liegt der Großteil der schönen Wanderung bereits hinter Ihnen. Ein letztes Mal können Sie den grandiosen Ausblick auf die gewaltigen Klippen rund um den Barranco de Guayedra genießen.

Der Abzweig am Aussichtspunkt ist nicht gekennzeichnet, der Pfad ist jedoch gut ausgelaufen und erkennbar. Vom Aussichtspunkt führt er nach links in Richtung Agaete durch den Baranquillo de los Moros hinab. Das Ziel Agaete ist während des ganzen Abstiegs gut zu sehen. Der Blick reicht weit übers Meer hinaus und bei wenig Bewölkung ist Santa Cruz auf Teneriffa gut zu sehen. Auf einer Länge von 1,6 km folgen Sie auf weitestgehend gerader Linie dem Wanderpfad. Teilweise ist er nur schwach erkennbar. Als Landmarke zur Orientierung dient Ihnen der rechte Ortsrand von Agaete. An einem kleinen Steilabbruch gelangen Sie schließlich in einer Serpentine auf die Straße am Ortsrand von Agaete und folgen ihr nach rechts. Die Straße führt Sie zurück zur Brücke, über die Sie zu Beginn der Tour Agaete verlassen haben. Vor der Brücke können Sie nach rechts auf einem kleinen Pfad in den Barranco zum Parkplatz absteigen. Alternativ gehen Sie den gleichen Weg wie am Anfang der Wanderung durch Agaete zurück.

⑪ Zum blauen See – Charco Azul

Wanderung für Entdecker und Naturliebhaber

Die kleine Wanderung führt Sie zum geheimnisvollen See Charco Azul. Vom Ort El Risco im Nordwesten der Insel wandern Sie durch den gleichnamigen Barranco hinauf zu dem verstecken See. Insbesondere in den Wintermonaten können Sie in der Schlucht zahlreiche Wasserfälle und kleine Seen bewundern. Aber auch im Sommer, wenn der Charco Azul nur leicht gefüllt ist, lohnt sich die Tour in die herrliche Natur.

Start/Ziel: Parkplatz an der GC-200 bei El Risco, GPS N 28°02.833' W 015°43.697'

3,4 km

1 Std.

163 m/163 m

70-233 m

Der Weg ist bis zum Charco Azul ausgeschildert.

In El Risco laufen Sie bis zum Ortsrand auf asphaltierten Wegen/Straßen. Im Barranco wandern Sie dann auf einem Wanderpfad. Nach Regentagen ist der erdige Pfad meist sehr feucht. Unterhalb des Charco Azul gilt es einige steinige Passagen zu bewältigen.

Bar Perdomo (km 0,1 und 3,3)

Entlang der Strecke gibt es keine ausgewiesenen Rastplätze. Am Charco Azul (km 1,7) können Sie auf großen Steinen unterhalb des Sees bequem sitzen.

Charco Azul (km 1,7). Nach der Tour können Sie einen Abstecher zum Strand unterhalb von El Risco machen.

Aufgrund der Länge und des Anspruchs ist die Tour für Kinder gut geeignet. Das Gebiet um den Wasserfall am Charco Azul ist selbst für kleine Kinder sehr spannend.

Die Tour ist für Hunde gut geeignet. Im Norden ist es meist nicht so warm und im Barranco fließt ganzjährig Wasser.

Bushaltestelle „El Risco“ (an der GC-200 beim Parkplatz), Linie 101 (Gáldar – Aldea de San Nicolás). Die Linie wird wochentags 4-mal und an Wochenenden nur 2-mal täglich je Richtung befahren.

Am Straßenrand der GC-200 befindet sich ein Parkplatz für Besucher des Charco Azul in El Risco.

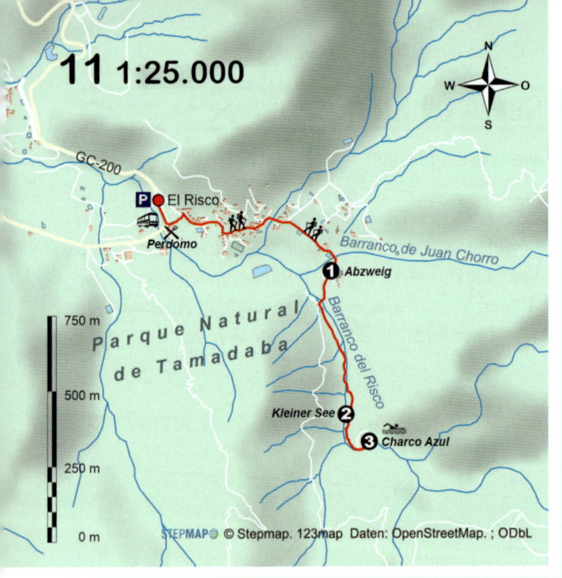

Unweit von Agaete an der GC-200 befindet sich der verschlafene Ort El Risco. Bis vor wenigen Jahren hat der Tourismus hier kaum eine Rolle gespielt. Einige Autofahrer haben sich nach der kurvenreichen Strecke entlang der Westküste in der Bar am Straßenrand eine kurze Pause gegönnt – mehr nicht. Bis die Einwohner die schöne Natur vor ihrer Haustür für sich entdeckten. Mit dem Charco Azul befindet sich oberhalb der kleinen Ortschaft ein Kleinod, das auch für kanarische Verhältnisse etwas ganz Besonderes ist. Der Barranco del Risco gehört zum Parque Natural de Tamadaba.

Direkt an der GC-200 befindet sich ein Parkplatz, der offiziell für Besucher des Charco Azul ausgeschildert ist. Vor der ✕ Bar Perdomo führt ein schmaler Weg hinauf in den Ort.

✕ Bar Perdomo, El Risco, 1, 35480 Agaete, ☏ 00 34/928 89 40 57, 💻 www.facebook.com/BarPerdomo1940, 🚪 10:00-21:00, ggfs. je nach Betrieb abweichend

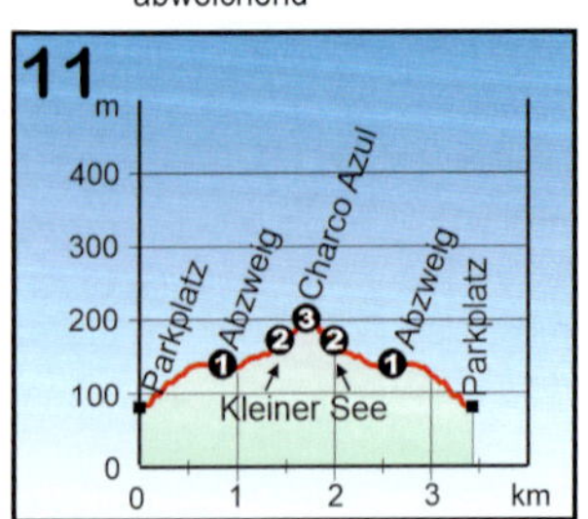

Die Straße weiter links ist für Fußgänger gesperrt. Nach 60 m stoßen Sie auf die Dorfstraße und biegen nach rechts ab. Sie folgen der Straße durch den Ort. El Risco ist eine typisch kanarische Siedlung. Weiße Häuschen säumen den Straßenrand und in den Vorgärten finden sich Palmen, Orangen- und Zitronenbäume. Am oberen Ortsrand gabelt sich die Straße. An einem Laternenpfahl weist Ihnen ein Wegweiser mit der Aufschrift „Charco Azul“ den Weg nach rechts. Landwirtschaftliche Flächen und Gärten prägen die nächsten 200 m. An einem Wasserreservoir unterhalb des letzten Hauses im Barranco gelangen Sie an einen Abzweig ❶ und biegen nach rechts auf einen Pfad ab. Der Weg hinauf zum Charco Azul folgt in der Talsohle des Barranco für 500 m dem Wasserlauf. Meist ist der Weg gut erkennbar.

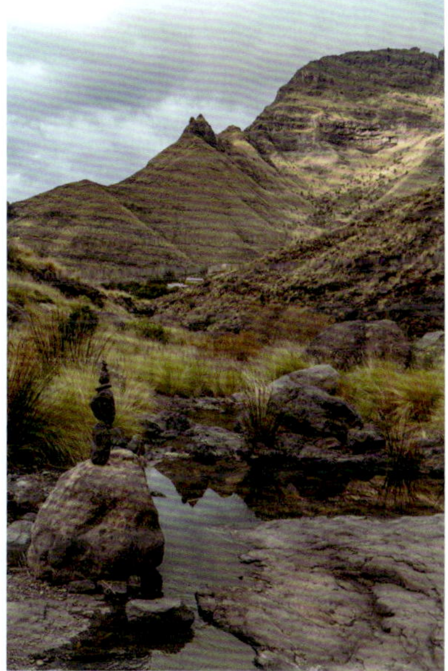

Auf dem Weg zum Charco Azul

Da bei Regen sehr viel Wasser durch das Tal fließt, ändert sich der Wegverlauf regelmäßig. Sie müssen lediglich dem kleinen Bach folgen. Der Weg läuft auf den vermeintlichen Talschluss zu.

An einem breiten Felsrücken führt der Weg nach links. Auf der rechten Seite befinden sich je nach Witterung bereits ein kleiner Wasserfall und ein See ❷. Zum Charco Azul geht es allerding noch über diesen Felsrücken hinüber. Sie gehen weiter nach links und erreichen am hinteren Ende der Steilwand den schönen See ❸. Ob er nun wirklich blau ist oder eher ins Grünliche geht, liegt wohl im Auge des Betrachters. In jedem Fall handelt es sich um einen absolut verwunschenen Ort. Wer mag und sich vom dunklen Wasser des Tümpels nicht abschrecken lässt, kann natürlich auch ein Bad nehmen. Weiße Ränder an den Felsen oberhalb des kleinen Sees zeigen, wo sich das Wasser nach regenreichen Tagen seinen Weg sucht.

☺ Je nach Wasserstand können Sie über die Steine auf der rechten Seite auch fast bis zum Wasserfall gehen.

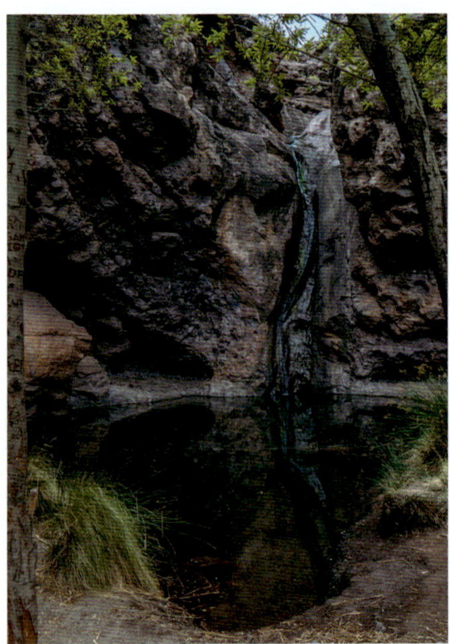

Am Charco Azul

Die linke Seite ist besser zugänglich. In einem Baum haben sich bereits etliche Besucher des Sees verewigt und auf dem kleinen Plateau unterhalb des Sees können Sie eine gemütliche Rast einlegen. Bei genauem Hinschauen erkennen Sie in den Felsen oberhalb des Sees eine blaue Schichtung in den Gesteinsablagerungen. Dieses Farbenspiel ist vulkanischen Ursprungs und findet sich auf Gran Canaria vielerorts. Möglicherweise hat der See seinen Namen auch dem Gestein zu verdanken.

Grundsätzlich führt ein Steig entlang der Wasserleitungen oberhalb des Charco Azul noch weiter nach oben in den Barranco. Der Weg ist jedoch schlecht erkennbar und ohne genaue Wegkenntnisse in dem porösen Gestein gefährlich.

Der Rückweg nach El Risco verläuft auf der gleichen Strecke wie der Hinweg. Obwohl der Weg schon vom Aufstieg bekannt ist, sieht die Landschaft in dieser Richtung wieder etwas anders aus. Die Hänge des talabwärts sichtbaren Roque Faneque könnten ebenfalls einer Szenerie aus Schottland oder Island entsprungen sein. Zurück in El Risco können Sie in der Bar Perdomo einkehren.

Nach der Wanderung können Sie am Strand unterhalb von El Risco im Meer baden. Bei km 13 zweigt eine Schotterstraße von der GC-200 ab, die Sie bis zum Strand bringt. Unmittelbar am Strand befindet sich ein großer Parkplatz. Es handelt sich um einen Naturstrand ohne Aufsicht. Je nach Witterung kann es starke Wellen geben.

⓬ Von Moya zum Lorbeerwald Los Tilos

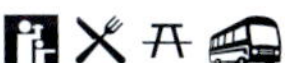

Für Naturgenießer

Die Kleinstadt Moya im nördlichen Bergvorland Gran Canarias wird auch Villa Verde, die grüne Stadt, genannt. Die kurze Wanderung führt Sie von Moya in den letzten Lorbeerwald Gran Canarias. Auf einem Lehrpfad erkunden Sie die urwaldnahe Vegetation des Barranco los Tilos. Mit traumhaften Ausblicken in den Barranco wandern Sie zurück nach Moya.

Start/Ziel: Busbahnhof Moya, GPS N 28°06.560‘ W 015°35.015‘

7 km

2 Std. 50 Min.

370 m/370 m

474-606 m

Die ersten und letzten 2 km sind nicht ausgeschildert. Der Mittelteil führt Sie auf einem Lehrpfad durch den Lorbeerwald Los Tilos.

1,5 km am Anfang und am Ende der Tour verlaufen auf Straßen. Der Lehrpfad folgt einem angenehmen Wanderweg auf weichem Untergrund.

Los Tilos (km 4,5) und leicht abseits des Starts/Ziels das Restaurant Los Dragos

Bänke (km 3,3) und ein schattiger Rastplatz auf halber Strecke (km 3,5)

Die Wanderung ist für Kinder gut geeignet. Die kurze Distanz in Verbindung mit dem interessanten Lehrpfad wird auch bei den Kleinen gut ankommen.

Die Tour ist für Hunde gut geeignet. Für den Bereich des Lehrpfades sollten Sie eine Leine dabeihaben, hier ist häufig viel Betrieb.

Bushaltestelle „Moya“ (die Haltestelle wird von vielen Linien, überwiegend aus dem Norden, angefahren).

Rund um den Busbahnhof befinden sich zahlreiche Parkplätze.

Vor der Eroberung durch die Spanier war ein Großteil Gran Canarias mit dichtem Lorbeerwald bedeckt. Im Laufe der Jahrhunderte ist das meiste vom Wald verloren gegangen. Im Barranco de Moya hat sich, allen Abholzungen zum Trotz, auf einer Fläche von rund 90 ha ein Teil des Lorbeerwalds bewahrt.

Vom Ausgangspunkt am Busbahnhof von Moya folgen Sie der Calle Pico Lomito, die bei den letzten Häusern in die GC-700 übergeht, nach Süden. Am

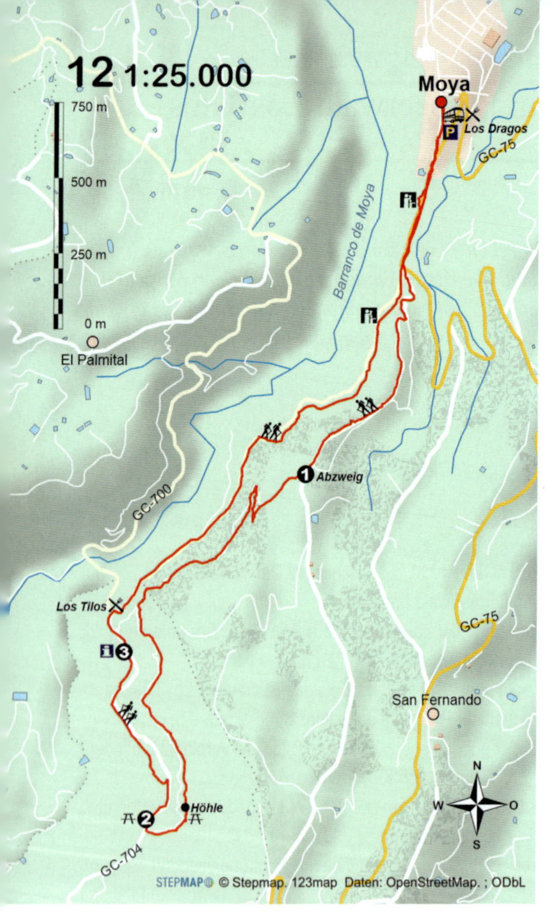

Stadtrand befindet sich auf der rechten Straßenseite ein Aussichtspunkt. Hier können Sie einen ersten Blick in den imposanten Barranco de Moya werfen. Durch die Lage im Norden der Insel fällt in der Region verhältnismäßig viel Regen. Entsprechend grün sind die steilen Flanken der Hänge rund um Moya.

Vom Aussichtspunkt wandern Sie weitere 300 m entlang der Straße. Auf der linken Seite ist sie von typisch kanarischen kleinen, weißen Häuschen gesäumt. Auf der unbebauten rechten Seite genießen Sie den Blick in die Berge und hinab in den Barranco. An einer Gabelung folgen Sie dem steilen Betonweg, der zwischen den beiden Straßen beginnt, nach links oben (Camino San Fernando). Nach dem Aufstieg folgt die Straße dem Verlauf des Höhenzugs.

1 km nach dem Abzweig kommen Sie an eine Gabelung ❶. Hier ist der Camino Los Tilos, der Weg nach Los Tilos, bereits ausgeschildert. Der Weg führt Sie nach rechts den Hang hinab. Der Pflanzenwuchs wird stetig dichter und nach kurzer Zeit haben Sie das letzte Anwesen hinter sich gelassen und wandern auf einem gut befestigten Wanderpfad durch dichte grüne Vegetation. Zwei Kehren bringen Sie einige Höhenmeter weiter nach unten. Im weiteren Verlauf führt der

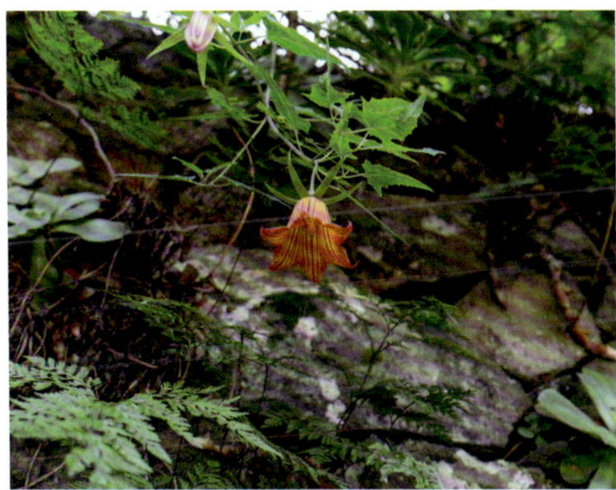
Kanarische Glockenblume

Weg auf gleichem Höhenniveau weiter in den Barranco los Tilos.

☺ Es gibt kaum einen Ort auf Gran Canaria, an dem Sie so einfach in eine solch einmalige Natur eindringen können. Sie wandern durch ein Gebiet mit urwaldähnlicher Vegetation. An den Befestigungsmauern auf der linken Seite können Sie mehrfach die wunderschönen Kanarischen Glockenblumen (*Canarina canariensis*) entdecken.

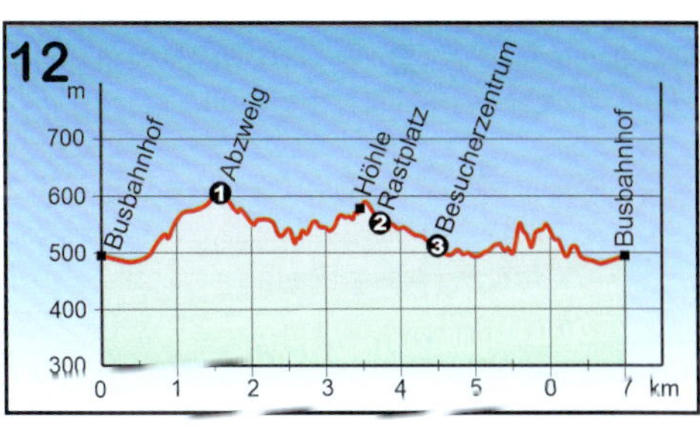

750 m nach der unteren Kehre treffen Sie auf eine Weggabelung, der Sie nach links auf den Circular los Tilos folgen. Der als Rundweg ausgelegte Lehrpfad durch den Lorbeerwald startet wenige Meter weiter unten am Informationszentrum. Von nun an wandern Sie auf dem Lehrpfad. Sie sollten sich Zeit nehmen, diese einmalige Natur mit allen Sinnen zu genießen. Denn auch der Geruchssinn wird im Lorbeerwald benötigt. Insbesondere in den Mittagsstunden, wenn die Sonne das Blätterdach der alten Lorbeerbäume erwärmt, verbreitet sich ein angenehm würziger Geruch im Wald.

Der Lorbeerwald von Los Tilos ist das komplexeste Ökosystem auf Gran Canaria. Durch ihre Höhe von rund 25 m verhindern die breiten Baumkronen, dass Licht bis auf den Boden dringt. Die bodennahe Vegetation ist daher eher karg und wird von Farnen dominiert. Im Lorbeerwald von Los Tilos ist ebenfalls die Lorbeertaube (*Columba junoniae*) heimisch. Die bedrohte Tierart kommt lediglich auf den Kanaren vor und ihr Bestand wird auf 2.000 bis 5.000 Vögel geschätzt.

700 m nach dem Abzweig auf den Lehrpfad kommen Sie zu einer Höhle in den Felsen auf der linken Seite. Wenige Meter weiter erreichen Sie einen kleinen Platz im Wald mit einigen Bänken. Ein schöner Ruheort und Balsam für die Seele, wenn Sie das Glück haben, diesen Ort einen Moment für sich alleine zu haben. 200 m weiter stößt der Wanderweg auf die Straße GC-704 und biegt nach rechts ab. Ein kleiner Rastplatz auf der gegenüberliegenden Straßenseite bietet weitere Sitzmöglichkeiten ❷. Glücklicherweise stören nur sehr wenige Autos die Ruhe in dem idyllischen Schutzgebiet. Unmittelbar bei dem Rastplatz zweigt der Wanderweg wieder links von der Straße ab. In Straßennähe spazieren Sie weitere 700 m zum Informationszentrum von Los Tilos ❸. Das Besucherzentrum ist werktags von 8:00-14:00 geöffnet. Auch außerhalb der Öffnungszeiten informieren Schautafeln am Lehrpfad über die unterschiedlichen Tier- und Pflanzenarten im Schutzgebiet.

Ihren Rundgang durch den Lorbeerwald können Sie mit der Einkehr im Restaurante/Grill Los Tilos beenden. Das kleine Lokal befindet sich weitere 150 m vom Besucherzentrum entfernt.

Restaurante/Grill Los Tilos, Camino los Tiles, 7, 35421 Moya,
00 34/674 16 05 72, marilygs53@gmail.com,
www.restaurante-grill-los-tilos-moya.eatbu.com, Mi-So 12:00-17:00

Ab dem Restaurant folgen Sie links der GC-700 zurück nach Moya. Kurvenreich, aber auf gleichbleibendem Höhenniveau schmiegt sich die Straße an die steilen Hänge des Barranco los Tilos. Auf dem Rückweg haben Sie einen besonders imposanten Blick auf Moya. 300 m vor dem Ziel der Wanderung erreichen Sie noch einen Aussichtspunkt auf der linken Straßenseite.

Das bekannteste Wahrzeichen Moyas ist die Kirche Iglesia El Pilar. Ihre typisch kanarische Bauweise verbunden mit einer exponierten Lage im oberen Teil des Städtchens macht sie zu einem beliebten Fotomotiv.

Von der GC-700 erhebt sich Moya wie eine Festung über den grünen Klippen – ein schöner und bleibender letzter Eindruck von der idyllischen Rundwanderung.

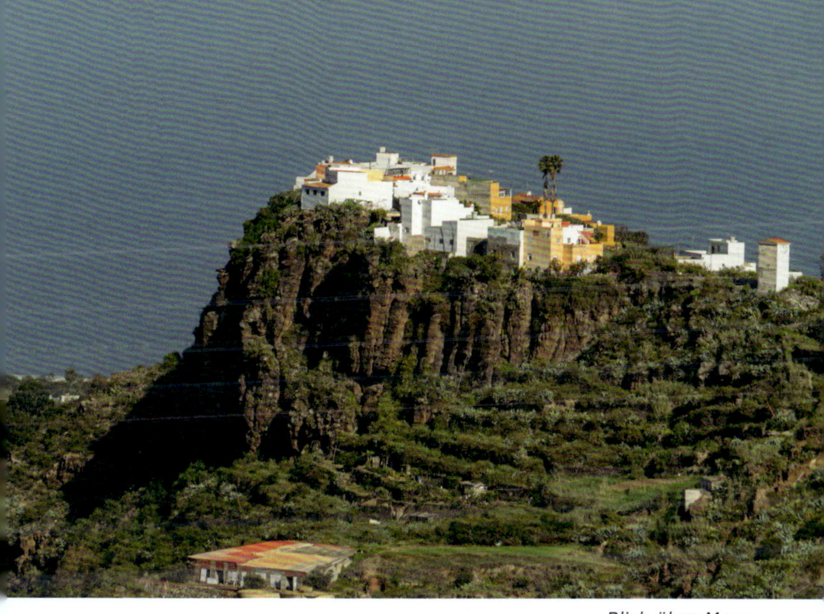

Blick über Moya

↳ Wenn Sie nach der kurzen Wanderung noch etwas Zeit in Moya verbringen möchten, können Sie im ✕ Restaurante Los Dragos einkehren. Das rustikale Restaurant bietet z. B. die typisch kanarischen Papas Arugadas mit Mojo an. Vom Ziel gehen Sie 40 m weiter geradeaus und biegen nach rechts in die Calle Juan Delgado ein. Nach 80 m treffen Sie auf einen Kreisverkehr und gehen leicht rechts (zweite Ausfahrt) in die Calle Luján Pérez. Nach 60 m befindet sich das Restaurante Los Dragos auf der linken Seite.

✕ Restaurante Los Dragos, Calle Párroco Nicolás Rodríguez, 13, 35420 Moya, ☏ 00 34/928 62 06 49, Mo, Di, Do 19:00-0:00, Mi 12:00-16:00 u. 19:00-0:00, Fr 11:00-16:00, Sa, So 10:30-16:00 u. 19:00-0:00

⑬ Wildniswanderung im Barranco de Azuaje

Für Abenteurer und Naturliebhaber

Die abwechslungsreiche Wanderung führt Sie von der Kleinstadt Firgas in den wilden Barranco de Azuaje. Die Ruine eines alten Hotels und urwaldartige Vegetation erwarten Sie im Grund des wilden Barranco. Nach dem kurzen Ausflug in die Wildnis bleibt Ihnen noch Zeit, um die Sehenswürdigkeiten von Firgas zu erkunden.

Start/Ziel: Calle Ramon Benitez in Firgas, GPS N 28°06.359‘ W 015°33.871‘

11 km

4 Std. 45 Min.

586 m/586 m

259-533 m

Die Wanderung ist als solche nicht ausgeschildert. Da der Barranco in seinem Verlauf von den Bergen bis zum Meer unterschiedlich bezeichnet wird, sind die Wegweiser für diesen Rundweg teilweise nicht verlässlich.

Die Wanderung verläuft in etwa zu gleichen Teilen auf Asphalt und auf Wanderpfaden. Die Pfade im Barranco können mitunter rutschig sein. Zwei kurze Passagen sind recht steil und mit Seilen gesichert.

Einkehrmöglichkeiten in Firgas, z. B. das Restaurant El Rincon de Marcos

Im Barranco de Azuaje bei km 6,2 befindet sich ein großer, schattiger Rastplatz.

Grundsätzlich ist die Tour für Kinder sehr spannend. Sie müssen allerdings über die nötige Fitness verfügen. Insbesondere die Steilstufe im Barranco ist eine Schlüsselstelle.

Die Tour ist für Hunde gut geeignet. Es gibt viel Natur und ganzjährig Wasser im Barranco.

Bushaltestelle „Firgas“ (Linien 211, 222, 251). Busse fahren mind. stündlich. Um zum Startpunkt der Wanderung zu kommen, gehen Sie von der Bushaltestelle nordwärts in die Avenida de la Constitución. Nach 130 m biegen Sie nach links in die Calle Leopold Matos ein. Nach 90 m treffen Sie auf die Plaza San Luis, wo Sie links in die Calle XIII de Septiembre abbiegen. Nach 90 m erreichen Sie den Ausgangspunkt der Wanderung.

Im Zentrum von Firgas befindet sich ein großer Parkplatz. Weitere kostenfreie Parkmöglichkeiten finden Sie am Start/Ziel in der Calle Ramon Benitez.

Am Stadtrand von Firgas folgen Sie der Calle Ramon Benitez kurz nach Südosten zur GC-305 (Calle Barranquera Honda) und dieser nach rechts stadtauswärts. Ab dem Fußballstadion Domingo Ponce folgen Sie der Straße 650 m bis zu einem Abzweig, wo Sie nach rechts abbiegen.

☺ Der Barranco de Azuaje führt von den Bergen bis ans Meer. Er nimmt in den verschiedenen Sektionen unterschiedliche Namen an. Auf den Wegweisern lesen Sie daher teilweise auch „Barranco Guadalupe".

Nach rund 150 m auf einem Schotterweg macht dieser eine Rechtskehre, die Sie ignorieren, und Sie gehen weitere 100 m geradeaus. Auf Höhe einer kleinen Finca zweigt Ihr Pfad durchs Schilfrohr nach rechts ab. Das Naturschutzgebiet Reserva Natural Especial de Azuaje ist hier bereits mit einer Entfernungsangabe von 350 m ausgeschildert. Die Wiesen oberhalb des Barranco sind mit Hahnenfuß und Sauerklee bewachsen. Teilweise werden die schwer zugänglichen Landwirtschaftsflächen im Barranco noch immer bestellt. Nach 350 m und drei Kehren biegen Sie von diesem Weg links ab und treffen auf ein Hinweisschild, dass Sie nun das Naturschutzgebiet betreten. Eine Kehre weiter unten treffen Sie auf eine Gabelung ❶. Von rechts kommt der Weg aus dem Barranco de Azuaje herauf, nach links ist der Barranco Guadalupe ausgeschildert. Sie befinden sich nun auf dem Rundweg und folgen dem linken Pfad. Vorbei an hohem Schilfgras, vereinzelten Kiefern und mächtigen Agaven wandern Sie hinab in die Talsohle des Barranco.

Auf einem gepflasterten Pfad erreichen Sie im Aufstieg schon bald wieder die ersten verlassenen Häuser. 250 m oberhalb der Talsohle geht der Pfad in eine schmale Straße, die Calle Tamarán, über. Entlang des Hangs schlängelt sie sich hinauf in Richtung Carretería. Insgesamt folgen Sie der Calle Tamarán für 2,3 km. Während des Aufstiegs können Sie immer wieder imposante Blicke in den Barranco werfen. Die Vorgärten der wenigen Häuser entlang der Straße sind mit den farbenfrohsten Blumen geschmückt.

Weiter oben am Hang auf der linken Seite befindet sich eine Gruppe von Höhlen. In den Cuevas de Doramas soll der Sage nach der Altkanarier Doramas mit seinen Truppen auf der Flucht vor den Konquistadoren Unterschlupf gefunden haben. Wegen seines Muts im Kampf gegen die Eroberer gilt er noch immer als Held.

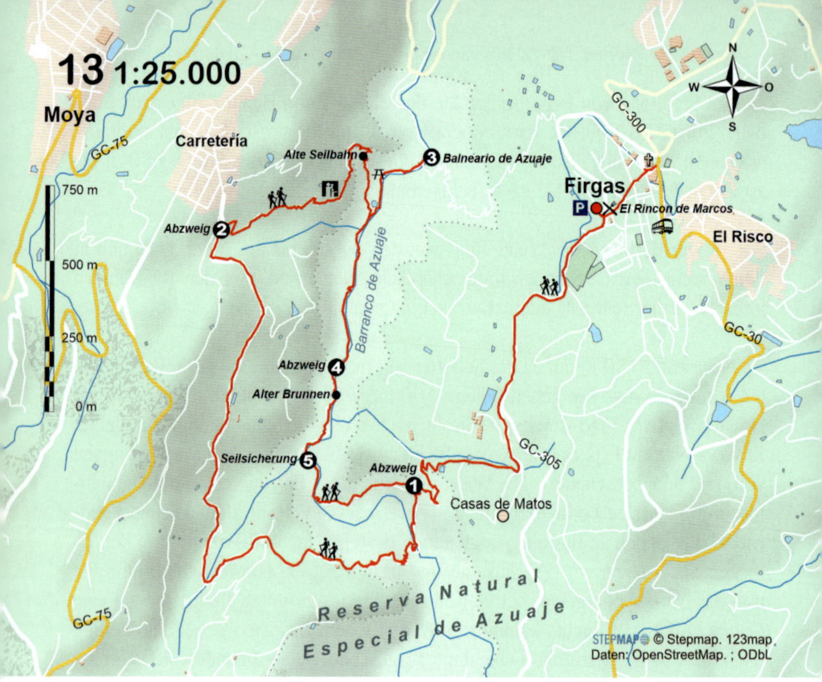

Unterhalb von Carretería haben Sie den höchsten Punkt der Tour erreicht. An einer Gabelung mit einer weißen Mauer biegen Sie nach rechts ab ❷. Zwei Kehren weiter unten geht der Weg in einen Pfad über. An einem Aussichtspunkt macht der Pfad eine 100°-Biegung nach links. Nach weiteren 200 m wird der Abstieg in den Barranco deutlich steiler. In engen Kehren durchquert der Weg die Steilwand und Sie kommen am Gebäude einer alten Seilbahn vorbei. Die Tür steht offen und Sie sollten einen Blick hineinwerfen. Zumindest die Seilwinde ist noch vorhanden. Unmittelbar unter der Steilwand erreichen Sie im Anschluss die Mauer eines Wasserreservoirs. Der Weg zurück nach Firgas führt nach rechts. Zunächst gehen Sie jedoch nach links zu einem großen Rastplatz mit Bänken und Tischen. Eine gepflasterte Straße führt Sie zu den Ruinen einiger alter Gebäude, u. a. die des Kurhotels Balneario de Azuaje ❸.

Das Kurhotel Balneario de Azuaje wurde 1868 eröffnet. Nachdem sich die positiven Auswirkungen des Mineralwassers aus dem Barranco de Azuaje herumgesprochen hatten, kamen zahlreiche Besucher aus nah und fern, um die Vorzüge des Wassers zu genießen. Generell kamen Wasserkuren gegen Ende des 19. Jh. in den oberen Schichten Europas sehr in Mode. Das Wasser des „heiligen Brunnens" (Fuente Santa) ist reich an Natrium und Eisen und ihm wird u. a. eine beruhigende Wirkung auf das menschliche Nervensystem nachgesagt. Auch die Blutbildung und der Harndrang sollen positiv gefördert werden. Vom Hotel steht heute nur noch das Untergeschoss. Der Aufbau aus Holz ist längst verfallen. Obwohl der Zutritt verboten ist, wird die Kulisse gerne als Fotomotiv u. a. für Hochzeitsbilder genutzt.

Die Natur hat sich über die Jahre zurückgeholt, was ihr gehört – eine schaurig schöne Kulisse. Sie können dem gepflasterten Weg weiter bis zu einigen Gebäuden auf der linken Seite folgen, bevor Sie dann zurück zum Abzweig am Wasserreservoir gehen. Nun beginnt der abenteuerlichste, aber auch der eindrucksvollste Teil der Wanderung. Ab dem Abzweig folgen Sie geradeaus dem Pfad in der Talsohle für 700 m. Hier müssen Sie an einem Abzweig dann rechts abbiegen ❹. Einen ausgetretenen Pfad, der weiter geradeaus führt, müssen Sie ignorieren – er führt nur zu einem kleinen Wasserfall und verläuft sich dann in der Steilwand. Generell ist der erste Abschnitt in der Talsohle von einer dichten dschungelartigen Vegetation bewachsen. Wenn Sie den Abzweig nach rechts erwischt haben, treffen Sie auf einen alten Brunnen und die Ruine eines Gebäudes. Vor Ihnen erhebt sich eine einzelne Felsnadel aus dem Barranco. Der gesamte Weg durch die Schlucht ist von beeindruckender Wildnis geprägt.

350 m oberhalb der Ruine gelangen Sie an die Schlüsselstelle zum Ausstieg aus dem Barranco. Zwei kurze Passagen sind mit Seilen gesichert ❺. Grundsätzlich sind beide Streckenabschnitte mit Wanderschuhen und entsprechender Trittsicherheit gut begehbar. Da es im Barranco de Azuaje meist sehr feucht, ist müssen Sie sich gut an den glitschigen Seilen festhalten. Oberhalb der Steilstelle

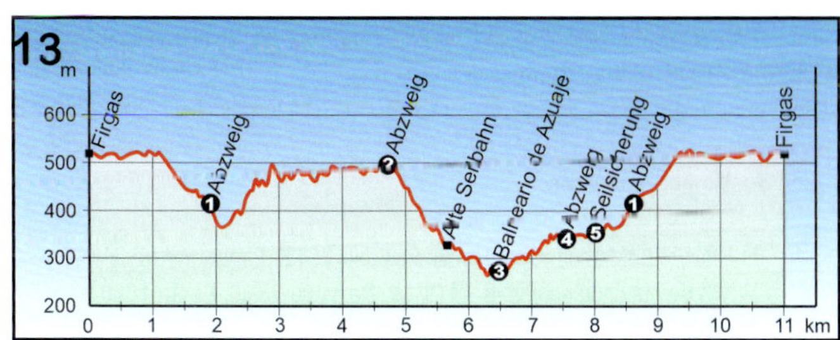

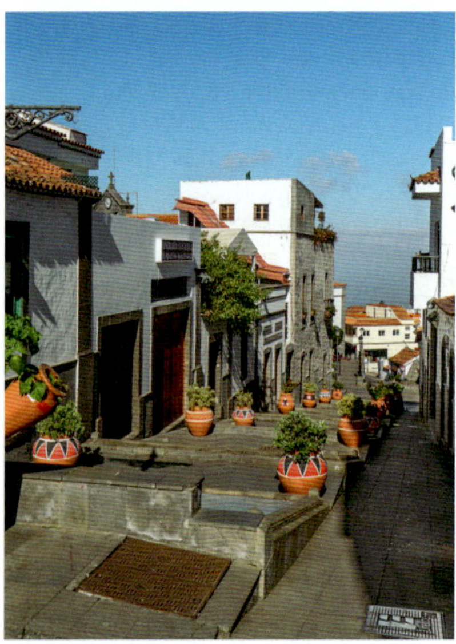
Kaskaden in Firgas

haben Sie den schwierigsten Teil hinter sich gebracht. Auf einem Pfad wandern Sie die nächsten 600 m hinauf bis zum Abzweig ❶, den Sie bereits vom Hinweg kenne, und gehen geradeaus. Auf der gleichen Route wie vorher wandern Sie in der Gegenrichtung zurück nach Firgas.

Nach der abenteuerlichen Wanderung sollten Sie es nicht verpassen einen kurzen Abstecher nach Firgas zu machen. Folgen Sie der Calle Barranquera Honda und biegen Sie dann rechts in die Calle Leon y Castillo. Sie gelangen zum bekanntesten Wahrzeichen der kleinen Stadt: Der Brunnen Paseo de Gran Canaria zeigt den Wasserreichtum von Firgas. Über eine Kaskade fließt das Wasser hinab zum Kirchplatz. Unmittelbar neben der ✞ Kirche befindet sich auch das Rathaus der Stadt. Vom Kirchplatz haben Sie eine schöne Aussicht über den Norden der Insel. Bei einem Kaffee in einer der zahlreichen ✗ Bars können Sie den Tourentag in Firgas bestens ausklingen lassen. Anschließend kehren Sie zurück zum Abzweig der Calle Ramon Benitez und gehen rechts zurück zum Ausgangspunkt.

➯ Einige Meter vom Ausgangspunkt entfernt, wenn Sie sich auf dem Rückweg zum Parkplatz am Abzweig der Carr. las Madres kurz rechts halten, befindet sich das gemütliche ✗ Restaurant El Rincon de Marcos. Es eignet sich perfekt, um die abwechslungsreiche Wanderung bei einem kühlen Getränk und leckerem Essen ausklingen zu lassen.

✗ El Rincon de Marcos, Carr. las Madres, 54, 35430 Firgas, ☏ 00 34/928 63 66 27, 💻 www.elrincondemarcos.es, 🚪 Di, Mi, Do 11:00-23:00, Fr, Sa 11:00-0:00, So 11:00-20:00

⓮ Der einsame Strand Playa de Güi-Güi

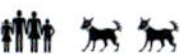

Für Abenteurer und Naturliebhaber

Diese abenteuerliche Wanderung führt Sie durch die schroffe Gebirgswelt der Westküste Gran Canarias. Anstrengende Aufstiege werden mit sagenhaften Panoramablicken belohnt. Ziel der Tour ist der einsame und schöne Sandstrand Playa de Güi-Güi.

Start/Ziel: Parkplatz bei Tasartico, GPS N 27°55.352' W 015°48.497'

9,5 km

4 Std. 45 Min.

1.062 m/1.062 m

0-582 m

Die Wanderung ist komplett ausgeschildert.

Sie wandern ausschließlich auf Bergpfaden. Der Untergrund ist überwiegend steinig. Unterwegs gibt es nur wenig Schatten. Teilweise sollten Sie trittsicher und schwindelfrei sein.

Einkehrmöglichkeiten gibt es keine.

Ausgewiesene Rastplätze gibt es unterwegs keine. Das steinige Terrain erlaubt es permanent, sich auf größere Steine zu setzen.

Playa de Güi-Güi Grande (km 4,6 bis 4,9), Playa de Güi-Güi Chico (200 m entfernt von der Playa de Güi-Güi Grande)

Aufgrund der Länge und des Anspruchs der Tour ist sie für Kinder weniger gut geeignet.

Die Tour ist für Hunde gut geeignet. Weitläufige Flächen bieten sich zum Austoben an.

Die Wanderung ist mit Bussen nicht erreichbar.

Unmittelbar am Start des Wanderweges können Sie entlang der Straße parken.

Packen Sie ausreichend Wasser, Proviant und Sonnenschutz ein.

Die beste Zeit für diese Wanderung ist zwischen Juli und Dezember. In diesen Monaten ist der Strand mit schönem Sand bedeckt. Im restlichen Jahr ist der Strand zumindest bei Flut deutlich felsiger. Am schönsten ist die Playa de Güi-Güi bei Ebbe. Erst bei Niedrigwasser ist der komplette Sandstrand sichtbar. Ebenfalls können Sie nur bei Ebbe hinüber zur ruhigeren Playa de Güi-Güi Chico gehen. Sie sollten daher die Gezeiten bei Ihrer Tourenplanung beachten. Es empfiehlt sich, bereits entsprechend der Gezeiten loszuwandern bzw. den Tag der Wanderung nach günstigen Gezeiten zu planen. Als Beispiel: Wenn Sie um 9:00 in Tasartico loslaufen, sollte Ebbe zwischen 12:00 und 13:00 sein. Eine gute Übersicht der Gezeiten auf Gran Canaria finden Sie auf folgender Homepage (zum Wert von Puerto de Mogán können Sie noch 1-2 Minuten hinzurechen):

💻 www.tideschart.com/Spain/Canary-Islands/Provincia-de-Las-Palmas/Mogan.

☺ Mittlerweile geht es nicht mehr ganz so einsam zu wie noch vor einigen Jahren. Meist um die Mittagszeit treffen erste Boote von Puerto de Mogán und Puerto Rico ein, die die Ruhe in der Bucht zum Entspannen nutzen. Einige Anbieter legen sogar am Strand an und bieten diese Events als organisierte Touren an. Falls die Wanderung für Sie zu anstrengend ist, können Sie auch mit dem Boot anreisen.

💻 www.taxiboatcanarias.com/de/magic-delfine-und-walbeobachtung-und-gui-gui-tour

Tasartico, der Ausgangspunkt der Wanderung zur Playa de Güi-Güi, ist ein verschlafenes Dörfchen im unteren Abschnitt des gleichnamigen Barranco. Ca. 600 m unterhalb des Dorfs startet der Wanderweg. Umgeben von abgedeckten Plantagen ist das Pfeifen der Singvögel das einzige Geräusch, das die Ruhe durchbricht. Aufgrund des anstrengenden Aufstiegs sollten Sie schon früh losgehen. Am Abzweig auf den Wanderweg, gegenüber dem Parkplatz, befinden sich einige Hinweistafeln, u. a. der Hinweis, dass Sie sich in einem Naturschutzgebiet, dem Reserva Natural Especial de Güi-Güi, befinden. Der Aufstieg führt Sie durch die Schlucht Cañada de Aguas Sabinas. Der Wanderpfad ist gut ausgetreten, dennoch ist es wichtig, auf Ihre Schritte zu achten. Lockere Steine und rutschiger Lavasand sind keine Seltenheit.

Nach 780 m wechselt der Pfad von der rechten Hangseite auf die linke. Am tiefsten Punkt der Talsohle müssen Sie sich links halten – ein schwacher Pfad führt auch weiter geradeaus, wird Sie aber nicht zum Ziel führen. Pfeile auf Steinen auf dem Boden markieren an der Stelle ebenfalls den Weg nach links.

Das Naturschutzgebiet rund um die Playa de Güi-Güi gehört zu den Natura-2000-Projekten der EU. Der auch auf den Kanaren selten gewordene Fischadler hat in den Steilklippen an der Westküste einen idealen Lebensraum gefunden.

Der Pfad wird stetig steiler und der höchste Punkt der Wanderung, die Degollada de Aguas Sabinas ❶, ist weiter oben bereits erkennbar. Durch die Schlucht verläuft eine Reihe von alten Masten, die wohl in früheren Zeiten eine

Stromverbindung in den abgelegenen Barranco boten. Die Degollada ist ein schmaler Einschnitt zwischen den benachbarten Gipfeln Cebuche rechts und der Montaña de Aguas Sabinas links. In der Senke tut sich vom einen auf den anderen Moment der Blick in den Barranco de Güi-Güi Grande auf. 600 Hm weiter unten befindet sich das Meer, das Sie bereits sehen können.

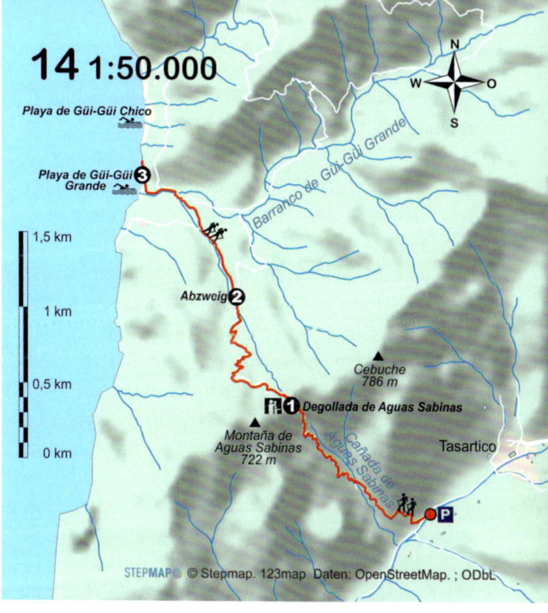

Die gewaltigen Klippen an der Küste stürzen nahezu senkrecht, fast 1.000 m hinab ins Meer. Der Anblick ist schlichtweg atemberaubend.

Nutzen Sie den Übergang für eine kurze Verschnaufpause, denn auch beim Abstieg in den Barranco de Güi-Güi Grande ist Ihre volle Konzentration gefragt.

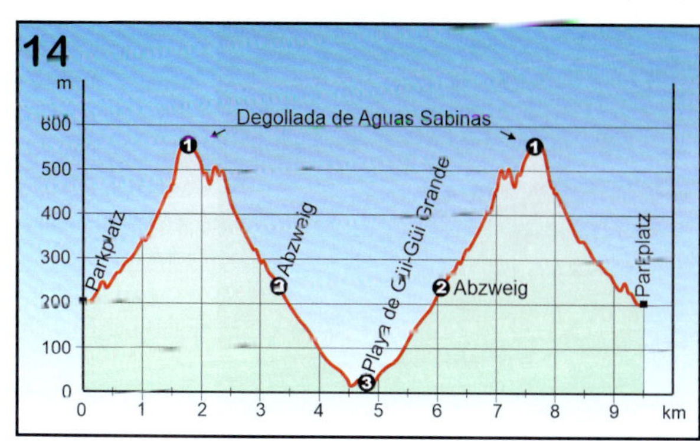

Sie können den Weg kaum verfehlen, daher können Sie umso mehr auf Ihre Tritte achten.

Trittsicherheit und Schwindelfreiheit sind hier im oberen Teil des Abstiegs sehr wichtig.

Zunächst verläuft der Weg an der linken Hangseite entlang. Teils mit großen Steinen befestigt ist der Pfad wirklich gut zu gehen. Die ersten 350 m sind die anspruchsvollsten, anschließend öffnet sich der Barranco in die Breite. In diesem Bereich sind einige Bienenvölker heimisch, die Sie bei genauem Hinhören wahrnehmen können. Auch wenn die Playa de Güi-Güi längst nicht mehr der Geheimtipp ist, der sie noch vor 20 Jahren war, ist die Tour insgesamt noch sehr ruhig. Durch den beschwerlichen Weg findet eine natürliche Auslese statt, die es vielen Interessierten schlichtweg nicht ermöglicht, den Strand auf dem Fußweg zu besuchen.

Im Abstieg zum Strand

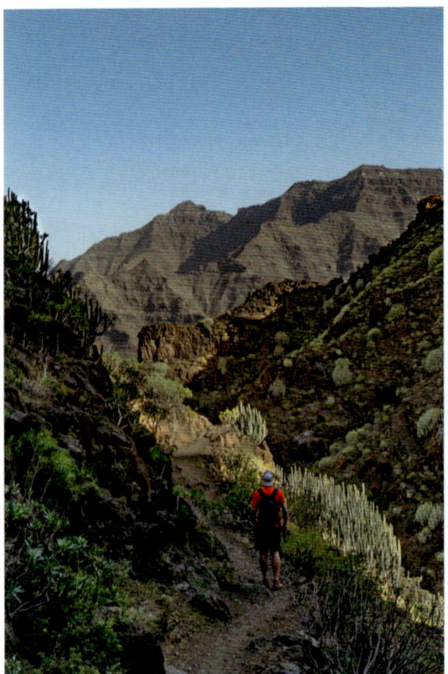

1,5 km unterhalb der Degollada de Aguas Sabinas kommen Sie an einen beschilderten Abzweig ❷. Sie halten sich links und folgen dem Barranco de Güi-Güi Grande weiter in Richtung Meer. Der andere Weg führt nach rechts in Richtung La Aldea de San Nicolás. Auch von dort ist die Playa de Güi-Güi erreichbar. Als Tagestour ist diese Strecke wegen ihrer Länge jedoch ausschließlich sehr fitten Wanderern vorbehalten.

750 m nach dem Abzweig führt der Pfad an zwei kleinen, bewohnten Fincas vorbei. Diese Lebensweise darf definitiv mit dem Begriff Einsiedelei

bezeichnet werden. Unterhalb der Häuschen wird der Barranco de Güi-Güi Grande deutlich breiter. Auf der rechten Seite zeigen sich kleine landwirtschaftliche Flächen. Unter dem Gesichtspunkt, dass alle Lebensmittel zu Fuß oder auf dem Seeweg in den Barranco gebracht werden müssen, finden die Bewohner hier sicher nicht die leichtesten Lebensumstände.

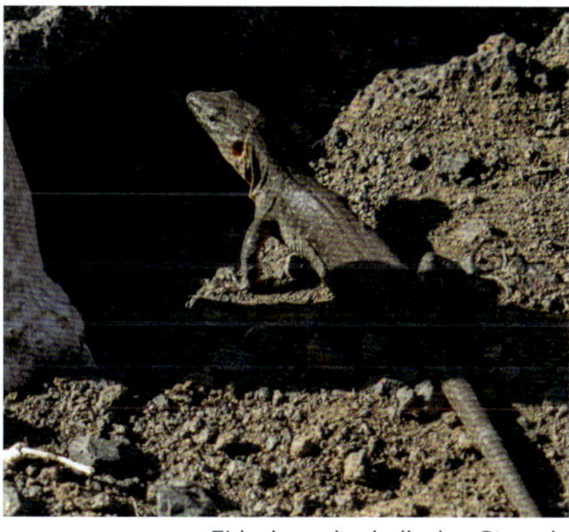

Eidechse oberhalb des Strands

Seit den 70er-Jahren haben sich immer wieder Hippies und Aussteiger in der einsamen Gegend um die Playa de Güi-Güi angesiedelt. Noch heute ist es sowohl bei jungen Touristen als auch bei den Kanariern sehr beliebt, am Strand und auf den Flächen oberhalb zu campieren. Dabei ist das Risiko, erwischt zu werden, sicherlich nicht allzu hoch, obwohl grundsätzlich Wildcampieren auf Gran Canaria verboten ist.

Ab der ersten Hütte sind es noch ca. 500 m bis hinunter zur Playa de Güi-Güi. Direkt oberhalb des Strandes finden sich einige weitere Hütten, die zum Teil auch bewohnt sind. Durch einen schmalen Einschnitt im unteren Barranco führen die letzten Meter hinunter zum Strand ❸. Auf der linken Seite thront eine alte Ruine auf einer kleinen Klippe. Das Gefühl, nach einer anstrengenden Wanderung an solch einem schönen Ort zu stehen, ist unbeschreiblich. Das Rauschen der Wellen, der Sand unter den Füßen und die salzige Meeresbrise wirken fast surreal. Einem erfrischenden Bad im kühlen Nass steht nun nichts mehr im Weg.

Die Playa de Güi-Güi teilt sich in zwei Abschnitte. Wenn Sie bei Ebbe vor Ort sind, können Sie durchs seichte Wasser nach rechts gehen. Hinter einer markanten Felsnase erreichen Sie den größeren und einsameren Strand Playa de Güi-Güi Chico. Mit rund 800 m Länge ist er größer als die bekanntere Playa

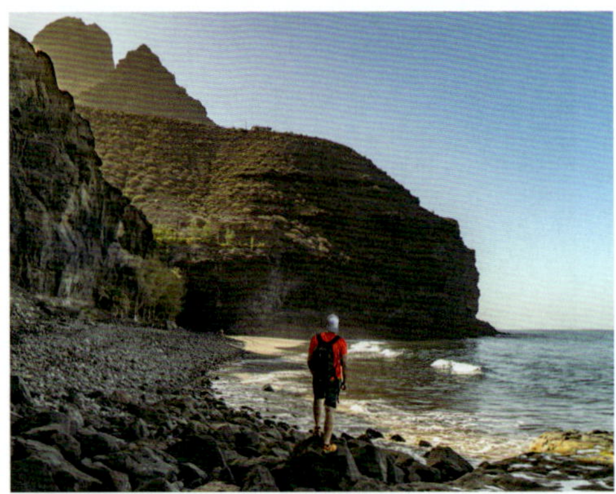

Am Strand

de Güi-Güi Grande. Sie müssen jedoch bedenken, dass Sie auch bei Ebbe wieder zurückmüssen, da Ihnen andernfalls die Flut den Weg abschneidet.

Der Rückweg nach Tasartico ist anstrengender als der Hinweg. Es gilt, den gleichen Weg in umgekehrter Richtung zu wandern. Somit wandern Sie bis zur Degollada de Aguas Sabinas rund 600 Hm bergauf und anschließend wieder 400 Hm bergab. In jedem Fall werden Sie nach der imposanten Wanderung von Ihren schönen Erlebnissen erzählen können.

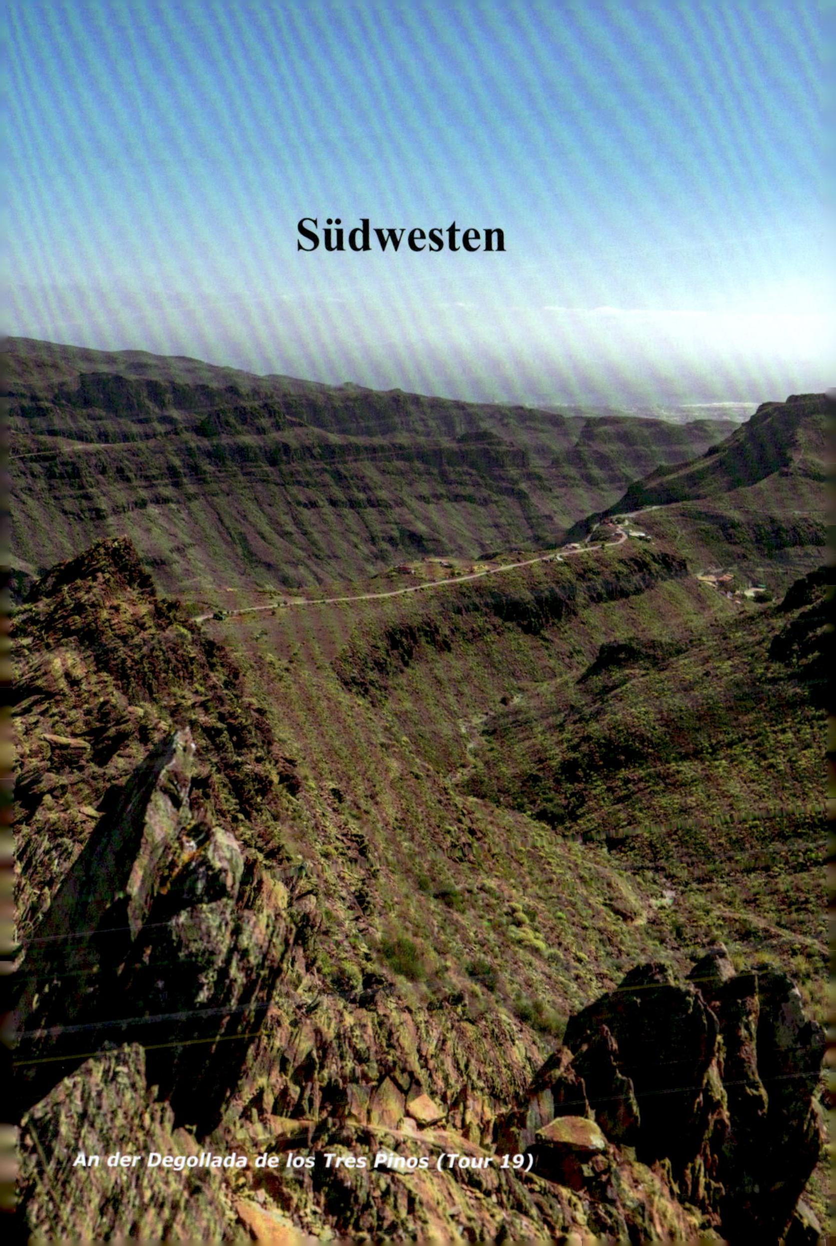

Südwesten

An der Degollada de los Tres Pinos (Tour 19)

⑮ Puerto de Mogán – Genussrunde durch „Klein-Venedig“

Für Genusswanderer und Wasserratten

Der einfache Rundweg führt Sie durch das Ortsgebiet des Hafenstädtchens Puerto de Mogán. Gemütliche Häuschen, kleine Kanäle und endlose Blumenpracht haben dem Ort den passenden Beinamen „Klein-Venedig“ eingebracht. Genießen Sie die mediterrane Atmosphäre beim Baden am Strand oder in einem der zahlreichen Lokale am Hafen. Vom Aussichtspunkt über dem Ort haben Sie einen Ausblick bis nach Teneriffa.

Start/Ziel: Parkplatz in der Calle Maleza, GPS N 27°49.478‘ W 015°45.609‘

5,2 km

1 Std. 20 Min.

51 m/51 m

0-42 m

Die Wanderung ist als solche nicht ausgeschildert.

Sie wandern ausschließlich auf asphaltiertem oder gepflastertem Untergrund.

Einkehrmöglichkeiten gibt es in Puerto de Mogán zahlreiche, z. B. das Café Beach Club Faro (km 2,1). Insbesondere im Hafenviertel gibt es einige empfehlenswerte Restaurants. Frischen Fisch aus Puerto de Mogán gibt es im Restaurant El Capuchino 501 (km 1 und 3,7).

Entlang der Strecke gibt es keine ausgewiesenen Rastplätze. Sie finden jedoch überall im Stadtbereich, am Aussichtspunkt und am Strand Bänke.

Centro Comercial y de Ocio Plaza Mogán (km 5)

Playa de Mogán (km 3,8 bis 4,2)

Die Wanderung ist eine besonders abwechslungsreiche Tour für Kinder. Das Wasser in der Bucht ist recht ruhig und direkt am Strand gibt es einen Spielplatz.

Die Tour ist für Hunde weniger gut geeignet. Am Strand sind Hunde nicht erlaubt. Wenn Sie aufs Baden verzichten, können Sie die Tour dennoch mit Hund erwandern.

Bushaltestelle „Lomo Quiebre“ (die Haltestelle wird von vielen Linien angefahren). Die Busse fahren 2-mal stündlich, teilweise auch öfter. An der Haltestelle queren Sie die Straße und gehen nur wenige Meter in östlicher Richtung zum Ausgangspunkt der Wanderung.

Auf einem kostenfreien Parkplatz in der Calle la Maleza können Sie Ihr Auto abstellen.

Puerto de Mogán ist prädestiniert für die Anreise mit Fähre. Ab Arguineguín verkehrt eine Linienfähre bis nach Puerto de Mogán. Mit dem Glasbodenschiff ist bereits die Fahrt entlang der schönen Südwestküste ein tolles Erlebnis. Der Anleger liegt direkt am Weg. Líneas Blue Bird, info@lineasbluebird.com, www.lineasbluebird.com, Preise: Arguineguín > Puerto de Mogán, einfache Strecke € 13, Hin- und Rückfahrt € 20.

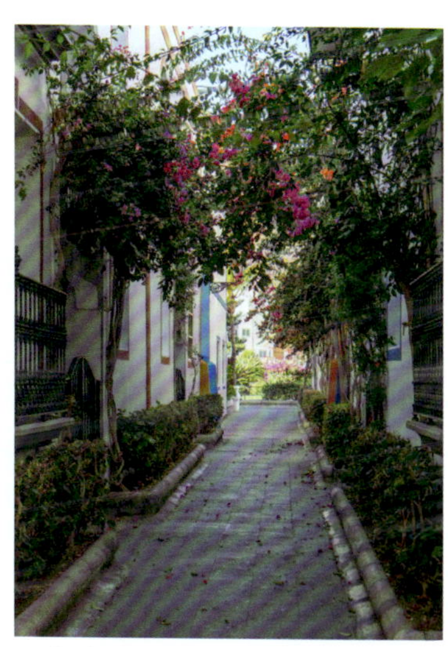

In den Gässchen des Hafenviertels

Ausgangspunkt der kurzen Tour durch Puerto de Mogán ist der Parkplatz unweit des Centro Comercial am Ortsrand der Ortschaft. Puerto de Mogán ist die Hafenstadt am Ende des langen Barranco de Mogán. Weiter oben im Barranco befindet sich das kleinere Bergdorf Mogán, welches der Schlucht und dem Hafen den Namen gegeben hat. Am westlichen Rande eines staubigen Schotterplatzes wandern Sie 450 m auf dem gepflasterten Fußweg in Richtung Meer. Rechts von Ihnen verläuft ein trockener Flusslauf. Die Ausmaße des gut befestigten Bachbetts erlauben eine Vorstellung davon, welche Wassermassen sich an den wenigen Regentagen hier aus den Bergen zu Tal stürzen können. Am Ende des Fußwegs queren Sie die Straße, folgen ihr links in einer Kurve, lassen den Busbahnhof links liegen und erreichen nach weiteren 20 m das dichtere Siedlungsgebiet von Puerto de Mogán.

Immer freitags ist Markttag in Puerto de Mogán. Von der Calle Explanada del Castilette, in der Nähe des Hafens, bis zur Plaza Las Gañanias reichen die Marktstände. Von regionalen Produkten über Kleidung und allerhand Kleinkram wird hier alles angeboten. Je nachdem, ob Sie den Rummel um den Markt mögen, sollten Sie den Wochentag für Ihren Ausflug wählen oder vermeiden. An den anderen Tagen geht es in Puerto de Mogán eher ruhiger zu.

Die Straße Paseo de los Pescadores biegt kurz vor dem Strand nach links ab. Sie biegen nach rechts auf eine kleine Fußgängerbrücke ab. Der untere Bereich des Bachbetts wird zumindest bei Flut schon mit Meerwasser gespeist. Auf der anderen Seite der Brücke wandern Sie nach links und folgen der Calle Rivera del Carmen für 100 m bis zum Eingang in das schöne Hafenviertel. Geradeaus vor Ihnen, direkt neben den Taxiständen, befindet sich ein kleiner Platz. Das erste Haus an der rechten Ecke ist ein gutes Fischrestaurant. Wer einfache und frische Fischgerichte mag, ist im ✕ El Capuchino 501 richtig.

✕ El Capuchino 501, Pto de Mogán, 2° Fase Local 325 Bis, 35138 Mogán, ☏ 00 34/928 56 52 93, Fr-Mi 10:00-22:00

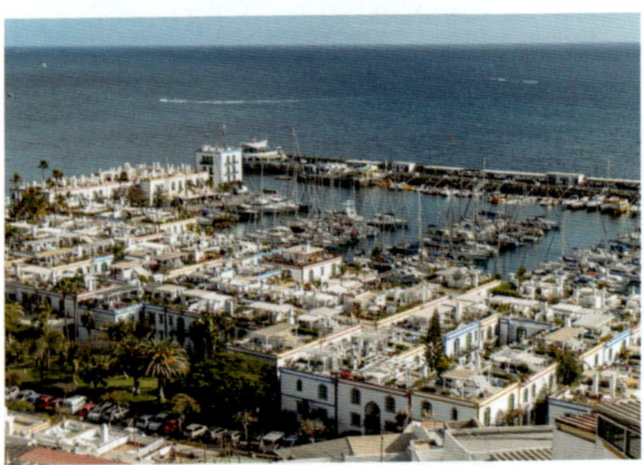

Am Aussichtspunkt über Puerto de Mogan

Die Wanderung führt Sie nach rechts 100 m entlang der Calle Explanada del Castillete. Auf Höhe eines Zebrastreifens biegen Sie rechts ab. Durch die verwinkelten Gässchen dieses Teils von Puerto Mogán geht es auf einem schmalen Fußweg geradeaus hinauf zu einem Aussichtspunkt ❶. Obwohl unten an der Straße ein Hinweisschild auf den Aussichtspunkt aufmerksam macht, ist er meist nur wenig besucht. Umso ungestörter lässt sich der schöne Ausblick über das Hafenstädtchen genießen. Es ist mitunter recht kurzweilig, den Schiffen vor der Küste zuzusehen – der Blick reicht weit aufs Meer hinaus. Der Abstieg zurück zum Abzweig an der Straße verläuft auf der gleichen Strecke. Am Abzweig folgen Sie der Calle Explanada del Castillete nach rechts. Nach 120 m beschreibt die Straße eine 90°-Kurve nach links. Die nächsten 550 m wandern Sie auf der künstlich angelegten Pier bis zu ihrem Ende am Beach Club Faro. Die schöne Lage des Cafés bietet sich für einen kurzen Zwischenstopp an.

Beach Club Faro, Calle Explanada del Castillete, 15, 35138 Mogán, ☏ 00 34/928 56 59 67, 10:00-23:00

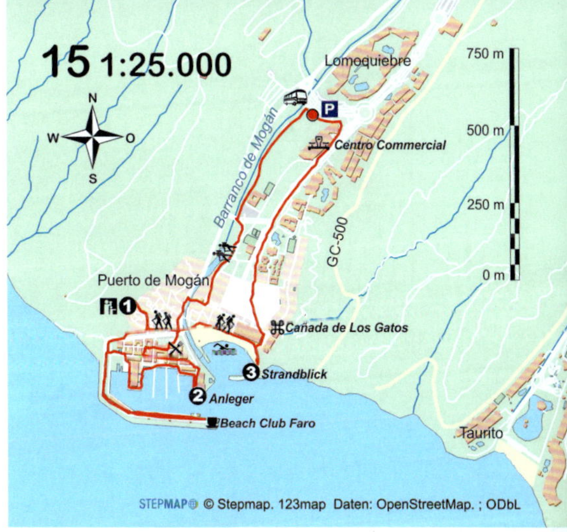

Die Pier dient dem kleinen Hafen als Schutz vor der rauen Brandung des Atlantiks. Nebenbei werden die Anlegeplätze auch für einige touristische Attraktionen genutzt. Von U-Boot-Touren über Delfinbeobachtung und Schnorchelausflüge bis hin zu Partybooten wird hier alles geboten. Der Rückweg erfolgt wieder bis vor die 90°-Kurve der Calle Explanada del Castillete. Hier biegen Sie nach rechts zum Highlight von Puerto de Mogán ab. Vor Ihnen liegt ein Rundgang durch das liebevoll angelegte Hafenviertel des Städtchens. Hinter der kleinen Schiffswerft biegen Sie erneut rechts ab und befinden sich nun direkt am Wasser. Entlang der breiten Promenade folgen Sie der Kaimauer bis zur Anlegestelle der Fähren ❷.

In den 1980er-Jahren wurde das gesamte Hafenviertel liebevoll angelegt. Kleine Apartmenthäuser säumen die Promenade, überall strahlen Blumen in den prächtigsten Farben und das ruhige Meerwasser rundet den Gesamteindruck des idyllischen Ortes ab. Im Mittelteil der Promenade befinden sich viele Restaurants und kleinere Geschäfte. Im klaren Wasser können Sie direkt von der Kaimauer aus die verschiedensten Fische beobachten.

Am Anleger der Fähre drehen Sie um und gehen 130 m geradeaus bis in die Calle Rivera del Carmen. Hinter einigen Palmen biegen Sie nach links ins Hafenviertel ein. Folgen Sie dem Gässchen für 100 m bis zu einem zentralen Platz. Sie queren den Platz und biegen weitere 60 m später nach rechts ab. Blumenbewachsene Torbögen verbinden die kleinen Häuschen miteinander. Der Gang durch die verträumten Gassen ist immer wieder ein Erlebnis, das man so auf Gran Canaria nicht erwarten würde. Den nächstmöglichen Abzweig nehmen Sie

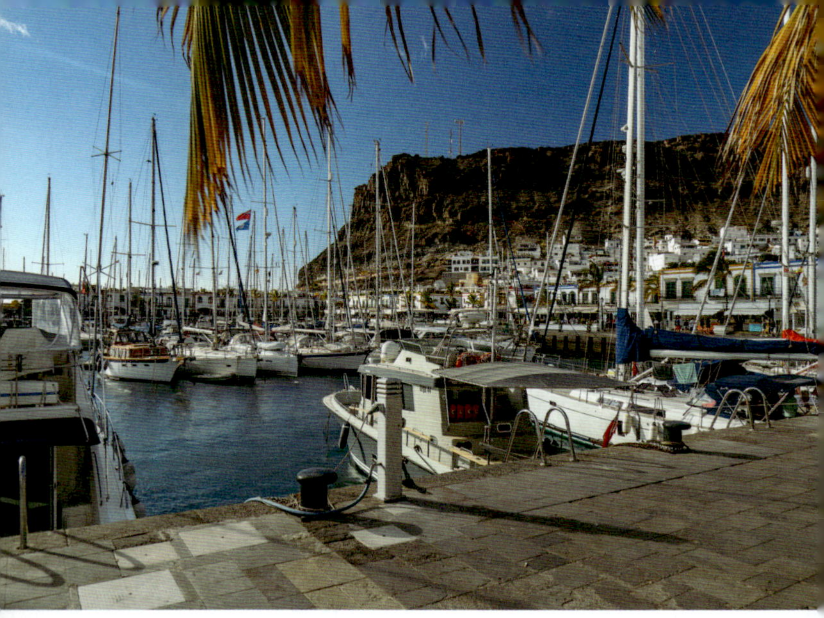

Im Hafenviertel

wieder nach rechts. Durch eine schmale und mit Blumen geschmückte Gasse gehen Sie ca. 90 m und biegen dann nach links ab. Nach 20 m erreichen Sie das Restaurant El Capuchino 501.

☺ Im Hafenviertel von Puerto de Mogán können Sie den GPS-Track getrost einen Moment aus den Augen lassen und auf eigene Faust durch die Gässchen von Puerto de Mogán ziehen. Keine Angst, Sie können sich auf dem kleinen Areal nur schwerlich verlaufen und auch die Orientierung sollte nicht allzu schwerfallen.

Vom kleinen Platz vor dem Restaurant überqueren Sie die Brücke in Richtung Strand. Der Badestrand von Puerto de Mogán ist künstlich angelegt und verfügt daher über schönen hellen Sand. Ein Wellenbrecher auf der gegenüberliegenden Seite nimmt den Wellen den Schwung, sodass Sie in der Bucht entspannt baden können. Oberhalb des Strandes befindet sich eine Promenade mit vielen Restaurants und Geschäften. Folgen Sie der Promenade bis zum hinteren Ausleger ❸, wo Sie den Strandblick genießen können.

☺ Wer es etwas ruhiger und natürlicher mag, kann auf der linken Seite des Wellenbrechers an einem natürlicheren Steinstrand baden. Dieser Abschnitt ist jedoch nicht bewacht und durch die ungebremste Brandung auch gefährlicher.

Vom Ausleger laufen Sie 100 m zurück und folgen rechts der Calle la Puntilla zur großen Plaza Las Gañanias.

Kulturinteressierte können den archäologischen Park Cañada de Los Gatos besuchen, der rechts des Platzes liegt. Die Überreste alter Häuser und Höhlen geben einen Einblick in das Leben der Altkanarier.

⌘ Cañada de Los Gatos, Calle la Puntilla, 8, 35139 Lomo Quiebre, cañadadelosgatos@arqueocanaria.com, Okt-März Di-So 10:00-17:00, April-Sep Di-So 10:00-18:00, Eintritt: Erwachsene € 4, Kinder € 2

Promenadenweg zurück zum Ausgangspunkt

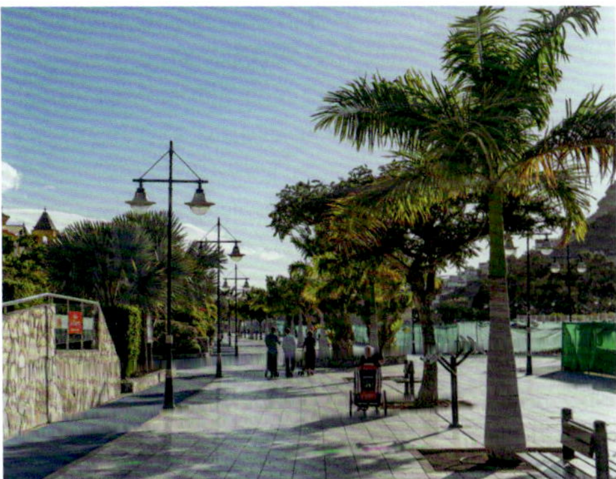

Sie überqueren den Platz nach schräg links. Eine breite Fußgängerpromenade führt Sie dann auf 700 m bis zum Ende der Tour. Auf der rechten Seite sehen Sie einige größere Hotelkomplexe. Die letzten Meter der Tour führen Sie am Centro Comercial (9:30-21:30) vorbei. Natürlich können Sie auch durch das Einkaufszentrum hindurchgehen. Viele kleine Läden laden zum Bummeln ein. Auch ein größerer Supermarkt ist vorhanden und bietet die Möglichkeit, zu relativ normalen Preisen einzukaufen.

⑯ Vier-Strände-Tour Puerto Rico

Wanderung für Strandliebhaber und Wasserratten

Die gemütliche Wanderung führt Sie vom belebten Touristenort Puerto Rico im Südwesten der Insel zu vier der schönsten Badestrände Gran Canarias. Sie wandern entlang der schönen Promenade von der Playa de Puerto Rico zur Playa de Amadores und zur weniger touristischen Playa de Tauro. Unterwegs können Sie die Cueva Bufadero de Tauro bestaunen. Vom Ziel an der Playa del Cura können Sie bequem mit dem Bus zurückfahren.

→ Start: Calle Juan Díaz Rodríguez, GPS N 27°47.160‘ W 015°42.705‘;
Ziel: Bushaltestelle an der Playa del Cura, GPS N 27°48.008‘ W 015°43.909‘;

5,1 km

1 Std. 20 Min.

↑↓ 35 m/35 m

⇧ 1-23 m

Die Wanderung ist als solche nicht ausgeschildert.

Sie wandern überwiegend auf asphaltiertem oder gepflastertem Untergrund. An den vier Stränden können Sie jeweils durch den Sand laufen.

Einkehrmöglichkeiten finden Sie an allen vier Stränden, z. B. Restaurant Ciao Beach (km 2), Amadores Beach Club (km 2,3), Bar Pio Pio (km 3,8), Restaurant Vistamar (km 3,8)

Entlang der Strecke gibt es keine ausgewiesenen Rastplätze. Sie finden jedoch überall an den Strandbereichen und an der Promenade Bänke.

an der Playa de Puerto Rico (km 0,15 bis 0,5) und der Playa de Amadores (km 1,8 bis 2,3)

Playa de Puerto Rico (km 0,15 bis 0,5), Playa de Amadores (km 1,8 bis 2,3), Playa de Tauro (km 3,8), Playa del Cura (km 4,1 bis 4,3)

Für Kinder ist die Tour optimal geeignet. Neben den vier Stränden zum Baden gibt es insbesondere an der Playa de Amadores viele spannende Aktivitäten für Kinder, wie eine Hüpfburg im Wasser und einen Spielplatz.

Für Hunde ist die Tour nicht geeignet, da an den Stränden Hunde nicht erlaubt sind.

Start: Bushaltestelle „Puerto Rico“ (die Haltestelle wird von vielen Linien angefahren). Die meisten Linien verkehren tagsüber stündlich. Von der Haltestelle gehen Sie einige Meter in Richtung Küste und biegen nach links in die Avenida Lanzarote ein. Nach 60 m queren Sie die Straße an einem Zebrastreifen und folgen einem Promenadenweg für 65 m, bis Sie auf die GC-500 treffen. Sie queren die Straße und den angeschlossenen Grünstreifen. Sie befinden sich nun bereits in der Calle Juan Díaz Rodríguez und erreichen nach 160 m den Start der Wanderung. Ziel: Bushaltestelle „Playa del Cura" für die Rückfahrt nach Puerto Rico (am Weg), Linie 1 (Puerto de Mogán – Las Palmas), Abfahrt 2- bis 3-mal stündlich

P In der Calle Juan Díaz Rodríguez gibt es einen großen, kostenpflichtigen Parkplatz (€ 0,55/Std.). An der Avenida de Mogán finden Sie auch kostenfreie Straßenparkplatze.

Badesachen und Sonnenschutz nicht vergessen!

Ausgangspunkt der Wanderung ist der Parkplatz am Parque de Puerto Rico. Die kleine grüne Oase lockert das leicht erdrückende Gesamtbild der Hotelanlagen ein wenig auf.

Puerto Rico ist das Zentrum des Tourismus im Südwesten der Insel. Obwohl es deutlich beschaulicher als die Touristenhochburg Maspalomas ist, wurde auch hier im Barranco de Puerto Rico kein Bauraum verschenkt. Die Apartmentanlagen und Hotels sind stufenförmig an die steilen Hänge des Barranco angepasst.

Durch die Calle Juan Díaz Rodríguez erreichen Sie direkt hinter dem Park die Strandpromenade von Puerto Rico ❶ und gehen rechts. Es ist Ihnen überlassen, ob Sie den breiten Promenadenweg entlangspazieren oder barfuß, mit den Füßen im Sand, weiter unten am Strand laufen. Der Strand von Puerto Rico ist durch den vorgelagerten Hafen vor der Brandung des Atlantiks geschützt. Sie können sich einfach so in den hellen Sand legen oder für ein paar Euro eine Liege samt Sonnenschirm mieten. An der Promenade reihen sich

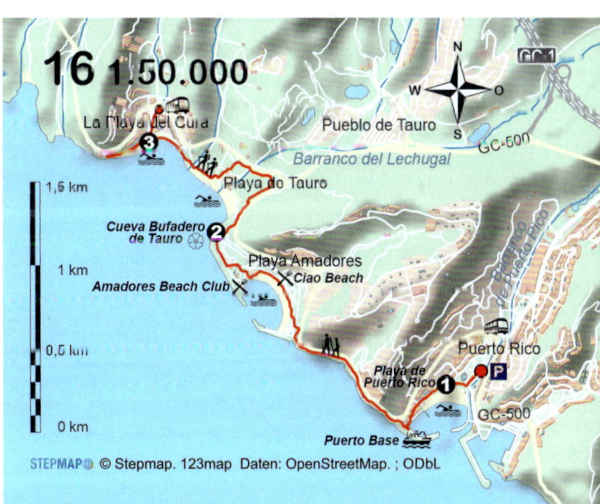

kleine Restaurants und Geschäfte aneinander. Am vorderen Anleger, der Puerto Base, werden alle möglichen Wassersportarten und Bootsausflüge angeboten. Durch das offene Meer und den Golfstrom fühlen sich überaus viele Meeresbewohner rund um die Kanaren hier heimisch. Eine gute Möglichkeit, um vor allem Delfine, aber auch Wale in ihrem natürlichen Lebensraum beobachten zu können ist ein Bootsausflug.

Delfin-Touren mit dem Segelkatamaran Supercat, Calle Puerto Base, 35130 Puerto Rico de Gran Canaria, 00 34/928 49 32 16, info@okgrancanaria.com, www.okgrancanaria.com/de/tours/supercat-delfine-bootstour, Di, Do, Sa um 10:00 und 12:30, So 10:00 und 13:00 (mit Bademöglichkeit), Dauer: 2 Std., Preis: Erwachsene € 31, Kinder € 16,50

Am Eingang zur Puerto Base gehen Sie die Treppe hinauf auf den Promenadenweg. Der schön angelegte Weg führt Sie unterhalb der großen Hotels und direkt an den Steilklippen über dem Meer zur Playa de Amadores. Der Wegesrand ist mit bunten Blumen geschmückt.

Blick auf den Strand Playa de Amadores

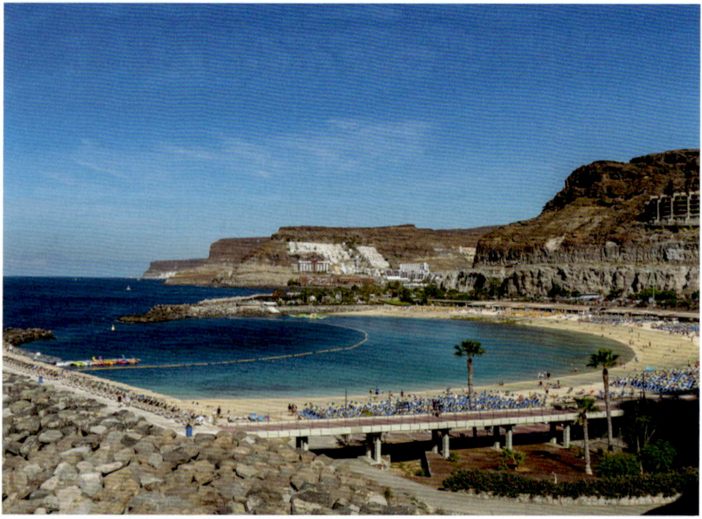

☺ Wenn Sie sich etwas Zeit nehmen und genau hinschauen, können Sie in den Steinen rechts des Weges einige Exemplare der Gran-Canaria-Rieseneidechse (Gallotia stehlini) bei ihrem Sonnenbad beobachten.

Rund 1 km beträgt die Distanz zwischen den beiden Stränden. Bevor Sie den Promenadenweg hinunter zum Strand gehen, können Sie sich einen guten Überblick über das gesamte Areal verschaffen. Genau wie die Playa de Puerto Rico und die Playa de Tauro wurde die Playa Amadores künstlich angelegt und mit hellem Sand aufgefüllt. Zwei mächtige Ausleger halten die großen Wellen des Atlantiks außen vor. Amadores ist überwiegend bei Familien, Paaren und Einheimischen sehr beliebt.

Für Kinder wird einiges geboten: ein Fun-Park mit Hüpfburg und Rutschen im Wasser auf der rechten Seite und ein Tretbootverleih auf der linke Seite der Bucht. Zusätzlich befinden sich am rechten Rand des Strandes auch noch ein Minigolf- und ein Spielplatz.

Zahlreiche Restaurants und kleine Läden im oberen Bereich lassen keine kulinarischen Wünsche offen. Leckere Pizza und gutes Eis gibt es im Restaurant Ciao Beach.

Ciao Beach, Calle San Borondón, 1, 35130 Mogán, ☏ 00 34/687 77 46 85,
9:00-23:00

Auf dem rechten Anleger befindet sich der Amadores Beach Club. Bei gutem Essen reicht der Blick über den gesamten Strand.

Amadores Beach Club, Playa Amadores, Calle San Borondón, 35130 Mogán,
☏ 00 34/928 56 00 72, info@amadoresbeachclub.com,
www.amadoresbeachclub.com, 9:00-0:00

Sie haben die Wahl, ob Sie Ihre Wanderung für eine Badepause unterbrechen möchten oder nicht. Am schönsten ist es in jedem Fall, unten am Strand durchs Wasser zu laufen. Ab der Playa Amadores wird es etwas ruhiger entlang der Route. Sie verlassen den Strand und folgen weiter dem Weg entlang der Küste.

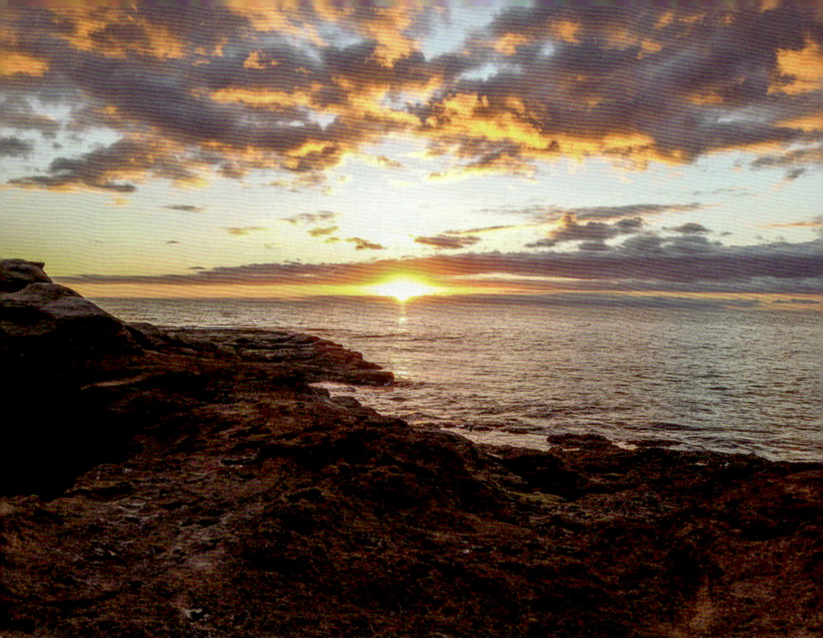

Bufadero de Tauro

Hinter dem Wendehammer des großen Parkplatzes befindet sich die Cueva Bufadero de Tauro ❷. Es handelt sich um eine Höhle im Fels, welche beim Erkalten der Lava entstanden ist. Der Wechsel der Gezeiten ist in der Höhle und an den Lavafelsen recht beeindruckend. An den Felsen weht fast immer eine leichte Meeresbriese und Sie können kleine schwarze Krebse beobachten, die in dem löchrigen Lavagestein ein Zuhause gefunden haben.

Zwischen Wendehammer und der Cueva Bufadero führt Sie ein steiler Pfad hinauf zur Straße. Die nächsten 150 m folgen Sie dem Straßenverlauf und biegen dann wieder nach links ab. Die Playa de Tauro ist schon zu sehen. Der direkte Zugang von dieser Seite ist jedoch gesperrt. Daher folgen Sie den hölzernen Hinweisschildern auf die u-förmige Umgehung. Auf 600 m führt Sie der Weg um das Areal oberhalb des Strandes herum. Auf Höhe einer Unterführung durch die nahe Straße geht der Weg auf einen Pfad über und leitet Sie nach links zu den Häusern beim Strand. Von der linken Seite ist die Playa de Tauro zugänglich.

Der Strand ist nicht überwacht. Die Bucht ist zum Atlantik hin offen, wodurch je nach Witterung recht hohe Wellen bis zum Strand kommen.

Am Strand befinden sich zwei einfache Restaurants, die Sie zur Einkehr nutzen können.

Bar Pio Pio, Playa de Tauro 59, 35138 Mogán, ☏ 00 34/65 15 84 01 4, Mo, Mi 12:00-19:00, Di, Do-So 0:00-17:00

Vistamar, Playa de Tauro 86, 35138 Mogán, ☏ 00 34/68 76 60 69 7, Mo-Sa 10:00-19:00, So 09:00-20:00

Sie folgen dem Schotterweg oberhalb des Strandes weiter an einer kleinen Siedlung einfacher Häuschen vorbei. Die kargen Wellblechhütten zeigen, dass abseits des Tourismus auf Gran Canaria viele Einheimische am Rand des Existenzminimums leben. Einige der Hütten werden auch von Aussteigern bewohnt, die das einfache Leben in Strandnähe zu schätzen wissen.

Die Tour nähert sich ihrem Ziel. Hinter der Hüttensiedlung beginnt ein steiniger Pfad zur Playa del Cura. Rechts eines großen Felsens führt Sie ein schmaler Durchgang zum Strand ❸. Je nach Gezeiten kann es hier auch etwas rutschig sein. Die Playa del Cura ist der vierte und letzte Strand der Tour. Im Vergleich zu den anderen Stränden geht es hier etwas ruhiger zu. Über den Strand gehen Sie bis zum Ende der Promenade und an den letzten Hotels vorbei. An den großen Felsen können Sie eine Pause einlegen und den zurückliegenden Weg bis Amadores überschauen. Über den zentralen Platz in der Mitte des Strandes erreichen Sie die Bushaltestelle in der Avenida Playa del Cura. Mit dem Bus können Sie zum Ausgangspunkt in Puerto Rico zurückfahren.

Alternativ können Sie die Strecke auch gut wieder zurücklaufen. Die Distanz verdoppelt sich auf 10,2 km.

17 Sand und Meer – Dünen-Rundtour Maspalomas

Für Sonnenhungrige und Naturliebhaber

Die Wanderung führt Sie ins touristische Herz Gran Canarias. Sie wandern den 5 km langen Sandstrand von Playa del Inglés nach Meloneras entlang. Bei einem Einkaufsbummel rund um den Leuchtturm können Sie sich für den heißen Rückweg durch die Dünen von Maspalomas stärken.

Start/Ziel: beim Hotel Riu Palace in Avenida de Gran Canaria in Maspalomas, GPS N 27°44.846' W 015°34.624'

13,5 km

3 Std. 30 Min.

36 m/36 m

0-33 m

Die Wanderung ist nicht ausgeschildert.

Abgesehen von je 2 km in Playa del Inglés und Meloneras, auf denen Sie der Strandpromenade folgen, führt die gesamte Wanderung über sandigen Boden. Unterwegs gibt es nur wenig Schatten.

Es gibt zahlreiche Einkehrmöglichkeiten in Playa del Inglés und Meloneras. Entlang des Strandes befinden sich in regelmäßigen Abständen kleine Buden, die Getränke und Snacks verkaufen.

Entlang der Strecke finden Sie permanent Sitzmöglichkeiten. Während an den Promenadenwegen Bänke stehen, können Sie am Strand in der erhöhten Böschung oder direkt im Sand Platz nehmen.

Zahlreiche Geschäfte rund um den Leuchtturm in Meloneras (km 7,4 bis 9)

Der gesamte Strandverlauf von Playa del Inglés bis Meloneras kann zum Baden genutzt werden (km 2,4 bis 7,3).

WC in der Nähe des Leuchtturms in Meloneras (km 9)

Für Kinder ist die Tour sehr gut geeignet. Viele Attraktionen und der ständige Zugang zum Meer werden Ihren Kleinen gefallen. Die Strandabschnitte zwischen Kiosk 7 und 3 (km 5,8 bis 6,7), rund um den reinen FKK-Strand und Gay-Beach, können mitunter sehr freizügig und für Kinderaugen weniger geeignet sein.

Die Tour ist für Hunde nicht geeignet, da sie an den öffentlichen Stränden verboten sind.

Bushaltestelle „Av. de Tirajana, 1. Plaza Agaete" (die Haltestelle wird von den meisten südlichen Linien angefahren). Playa del Inglés ist mit Bussen sehr gut und ohne große Wartezeiten erreichbar. Von der Haltestelle folgen Sie der Avenida de Tirajana für 430 m in Richtung Küste bis zum Start der Wanderung.

P Wenn Sie morgens unterwegs sind, bekommen Sie meist einen kostenfreien Parkplatz in der Avenida de Gran Canaria. Wenn dort alles belegt ist, können Sie auf einen der großen ausgeschilderten Parkplätze ausweichen.

Sie sollten die Tour unbedingt schon früh morgens beginnen. Wegen der warmen Temperaturen um die Mittagszeit können Sie die Wanderung am besten mit einem Strandtag am Meer verbinden.

Das pulsierende Herz des Massentourismus auf Gran Canaria schlägt in Maspalomas. Hotelkomplexe, Einkaufszentren und Vergnügungsparks bestimmen das Erscheinungsbild der südlichsten Stadt auf Gran Canaria. Maspalomas ist aber auch die Heimat der weitläufigen Dünen, die zum Wahrzeichen der Insel geworden sind. Die Oase La Charca und die Dünen sind seit 1987 Naturschutzgebiet.

Majestätisch schmiegt sich das Hotel Riu Palace an die Dünen von Maspalomas. Hier beginnt Ihre Wanderung. Durch den Eingangsbereich des Hotels führt der Weg zu den Dünen. Bis zu 15 m hoch erheben sich die Sandberge bis hinüber zum Meer. In den Morgenstunden ist die Promenade noch wenig bevölkert.

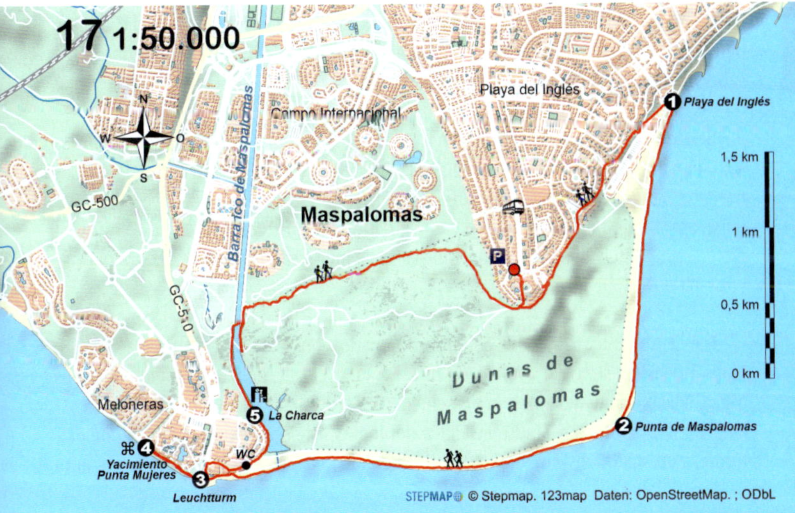

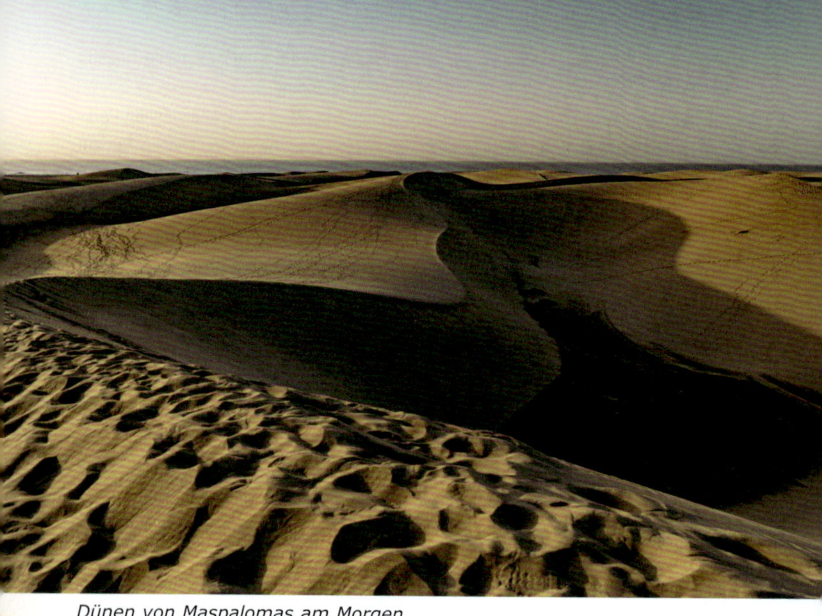

Dünen von Maspalomas am Morgen

Nur einige Frühsportler und Spaziergänger genießen den Blick über die Dünen hinweg. Frische Meeresluft weht herüber und verdeutlicht die Faszination dieses schönen Fleckchens Erde.

Seit den 60er-Jahren wurde Playa del Inglés systematisch zur Hochburg des Massentourismus auf Gran Canaria ausgebaut. Ein Hotel schmiegt sich an das nächste. Angelegte Gärten lockern die Bebauung ein wenig auf. Wer die gute Lage am Meer und den Dünen zum Urlaubmachen genießen möchte, kommt nicht umhin, sich die traumhafte Kulisse mit einer Vielzahl anderer sonnenhungriger Urlauber zu teilen.

Ca. 2 km folgen Sie der Strandpromenade von Playa del Inglés nach links. Links befinden sich die Hotels und rechts erstrecken sich die Dünen und das Meer. Maspalomas teilt sich in verschiedene Stadtteile. Die Dünentour führt entlang der bekanntesten Stadtteile Playa del Inglés, Meloneras und Campo International. Am nördlichsten Punkt der Promenade biegen Sie nach rechts ab zum

Strand von Playa del Inglés ❶. Nun folgt die Route dem Meer nach rechts. 5 km lang wandern Sie am Ufer des Atlantiks bis nach Meloneras. Ca. auf halbem Weg erreichen Sie den Punta de Maspalomas ❷, den südlichsten Punkt Gran Canarias. Die Strände rund um die Dünen sind offizielle FKK-Strände. Sonnenliegen und -schirme kosten je € 2,50 Tagesmiete, an dem weitläufigen Strand findet sich aber auch immer ein kostenfreies Plätzchen im Sand.

WC An den bewachten Strandabschnitten sind kleine Kioske, an welchen Getränke und Snacks verkauft werden. Auch Toiletten finden sich an den Strandabschnitten.

Toiletten und Kioske sind ab ca. 11:00 geöffnet.

Natürlich heller Sandstrand ist auf Gran Canaria eine echte Seltenheit. Die meisten Strände der Insel sind aufgrund des vulkanischen Gesteins sehr dunkel und für die Strände im Südwesten wurde Sand aus der Sahara per Schiff geliefert. Die meisten dieser Strände sind künstlich angelegt. Die Dünen von Maspalomas, die Dunas de Maspalomas, sind natürlich entstanden und bestehen überwiegend aus zerriebenem Korallen- und Muschelkalk. Daher sind sie trotz des dunklen Vulkangesteins schön hell.

Schon von weitem ist der Leuchtturm von Maspalomas zu sehen ❸. Rund um das bekannte Wahrzeichen befinden sich zahlreiche Restaurants und Einkaufsmöglichkeiten. Sie sollten vom Leuchtturm noch rund 500 m geradeaus weitergehen.

⌘ Neben den Hotels relativ unscheinbar befindet sich hier die Ausgrabungsstätte Yacimiento Punta Mujeres ❹. Auf einem eingezäunten Areal können Sie die Reste einer prähispanischen Siedlung bewundern. Auch die Gran-Canaria-Rieseneidechse fühlt sich auf den warmen Felsen sehr wohl.

Faro de Maspalomas

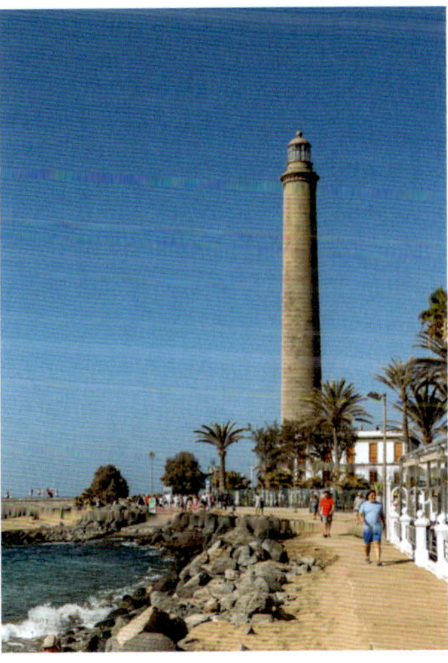

Die letzten 500 m bis zum Leuchtturm müssen Sie wieder zurück, bevor Sie am Leuchtturm links und dahinter rechts in den Paseo del Faro einbiegen. Die kleine Straße leitet Sie gesäumt von einigen Läden und Restaurants in einem Linksbogen zu einer Aussichtsplattform ❺. Auf halbem Weg zwischen Leuchtturm und Aussichtsplattform trifft der Paseo del Faro noch einmal auf den Strand. Hier befinden sich auf der rechten Seite öffentliche Toiletten. In der kleinen Oase La Charca schließt sich ein See an die Ausläufer der Dünen an. Das Areal steht unter Naturschutz und dient zahlreichen Zugvögeln als Ruheort. Von der Aussichtsplattform lässt sich die geschützte Natur sehr gut beobachten. Folgen Sie der Calle Oceania für 600 m und queren Sie die Brücke nach rechts.

Hinter der Brücke biegen Sie nach rechts ab. Nach 200 m gelangen Sie zu einer kleinen Finca, bei der Kamelreiten angeboten wird.

☺ Auf einer kurzen Schleife können Sie auf den Kamelen durch die Dünen reiten.

Camello Safari Dunas Maspalomas, Paseo Charca, 35100 Maspalomas, ☏ 00 34/928 76 07 81, info@camellosafari.com, www. camellosafari.com, 9:00-16:00 (Start alle 15 Minuten), Preise: Erwachsene € 12, Kinder von 3 bis 12 Jahren € 8

Sie gehen zurück und geradeaus an der Brücke vorbei und biegen kurz darauf nach rechts in die Dünen ab Nun beginnt der ruhigste Teil der Tour. Nur wenige Touristen verirren sich in den hinteren Teil der Dünen. Auf den nächsten 2,3 km können Sie die Natur und die einmalige Landschaft der Dünen genießen. Wenn nicht auf der linken Seite von Zeit zu Zeit der Golfplatz zu sehen wäre, könnten Sie sich tatsächlich in die Sahara versetzt fühlen. Am Hotel Riu Palace Maspalomas haben Sie das Ende der Dünen erreicht. Die Rundtour schließt sich und Sie können entscheiden, wie Sie den Rest des Tages in Maspalomas verbringen möchten.

18 Große Trail-Runde am Tauro

Für Naturliebhaber, Ruhesuchende und Sonnenanbeter

Die Tour ist eine ausgedehnte Wanderung durch das weitläufige Terrain am Fuß des Tauro. Neben einer alten Ruine auf dem Hochplateau, in der Nähe des Gipfels, erwarten Sie menschenleere Wanderwege durch schier endlose Natur. Wenn Ihnen fast 24 km zu lange sind, können Sie die Runde bequem auf 11 km reduzieren.

Start/Ziel: Parkplatz am Stausee Salto del Perro, GPS N 27°54.299' W 015°41.177'

23,9 km

8 Std. 30 Min.

1.241 m/1.241 m

449-1.215 m

Bis zum Abzweig bei km 5 folgen Sie dem Wanderweg PR GC-45. Die folgenden 15 km verlaufen unbeschildert auf teilweise nur schwach erkennbaren Pfaden. Ab der Degollada de las Lapas wandern Sie die letzten 4 km wieder auf der PR GC-45.

Die komplette Wanderung verläuft auf Wanderpfaden. Die 15 km ab dem Abzweig bei km 5 führen Sie teilweise durch kniehohe Vegetation. Der Pfad ist in diesem Bereich teilweise nur schwach erkennbar. Der Aufstieg vom tiefsten Punkt ist relativ steil und stellenweise ausgesetzt. Unterwegs gibt es kaum Schatten.

Unterwegs gibt es keine Einkehrmöglichkeiten.

Entlang der Strecke gibt es keine ausgewiesenen Rastplätze. In regelmäßigen Abständen bieten sich große Felsen zum Rasten an.

Aufgrund der Länge und des Anspruchs der Tour ist sie für Kinder weniger gut geeignet.

Die Tour ist für konditionell fitte Hunde gut geeignet. Im unteren Bereich der Tour sind kaum Menschen unterwegs. An zwei Fincas im Barranco befinden sich Wachhunde. Hier sollten Sie Ihren Hund an die Leine nehmen.

Die Tour ist mit Bussen nicht erreichbar.

Parkplatz oberhalb des Stausees Salto del Perro an der Straße von Mogán nach Soria.

Packen Sie ausreichend Wasser, Proviant und Sonnenschutz ein.

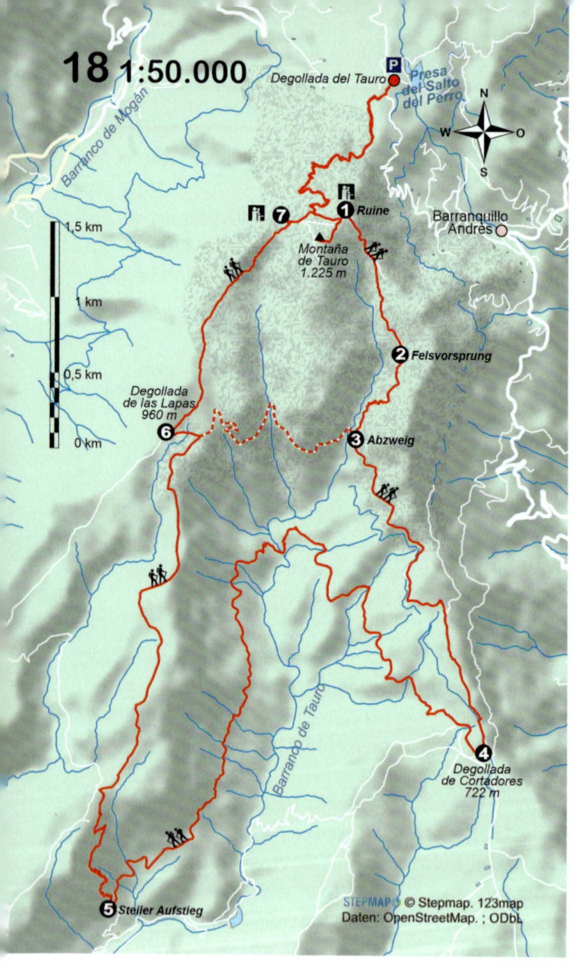

Vom Parkplatz an der Degollada del Tauro gehen Sie ein paar Meter am Eingang des Staudamms Salto del Perro vorbei nach Süden in Richtung Barranquillo Andrés. Auf der rechten Seite führt ein gepflasterter Weg den Hang hinauf. Bereits zu Beginn der Tour können Sie den Gipfel des Tauro erkennen. Der Aufstieg ist nicht wirklich schwer und dementsprechend gut ausgelaufen ist der Weg bis hinauf zum Gipfel. Zunächst wandern Sie bergauf zum vorgelagerten Kamm. Auf der Rückseite des Höhenzuges führt der Weg entlang der rechten Kante des vorgelagerten Felsens und in Serpentinen geht es hinauf zu einem Abzweig unterhalb des Gipfels. Ab hier beginnt die Rundtour. Von rechts werden Sie später zurückkommen. Vorerst folgen Sie der Beschilderung „PR GC-45“ nach links. 200 m oberhalb des Abzweigs erreichen Sie bereits das Hochplateau des Tauro.

Am Rand des lichten Kiefernwaldes machen Sie eine 180°-Kurve nach rechts. Direkt nach dieser Kurve gabelt sich der Weg und Sie halten sich links. Auf einem schwach erkennbaren Pfad wandern Sie bis auf den eigentlichen Gipfel hinauf. Nach 260 m in dieser Richtung stehen Sie vor einer Pyramide aus Steinen, die den höchsten Punkt markiert. Auf gleicher Strecke gehen Sie zurück aufs Hochplateau und weiter geradeaus. Die Mauern einer alten Ruine liegen exponiert über der steilen Flanke des Tauro ❶.

⌘ Das Gipfelmassiv war in der prähispanischen Zeit ein Zeremonienort für die Altkanarier.

Über die beiden Stauseen Salto del Perro und Cuevas de las Ninas hinweg ist links das Naturschutzgebiet Inagua und rechts der Roque Nublo zu sehen.

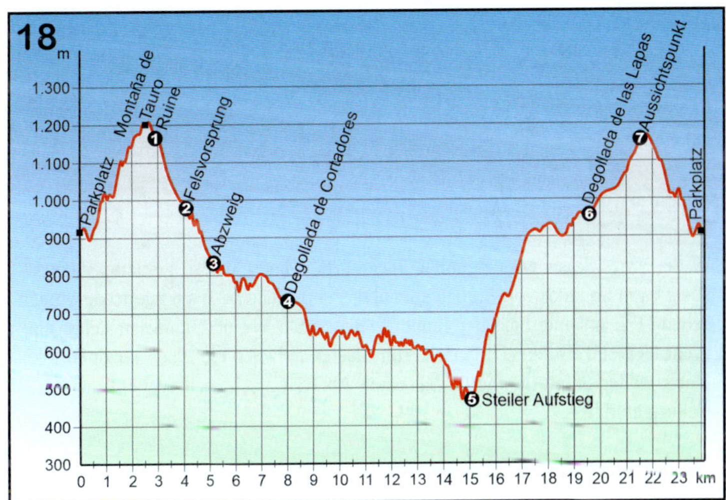

Der Tauro besteht aus den ältesten Gesteinen auf Gran Canaria; er ist bereits in der frühen vulkanischen Zeit entstanden. Zu den Seiten hin wird der Tauro durch die beiden großen Barrancos von Arguineguín und von Mogán begrenzt. Auf der gesamten Wanderung begegnen Ihnen Kakteen und Wolfsmilchsträucher.

Der Weg ist im Bereich des Hochplateaus nur schwer erkennbar. Der Pfad führt nahe der linken Kante in einem Rechtsbogen entlang. Unterhalb des Gipfels

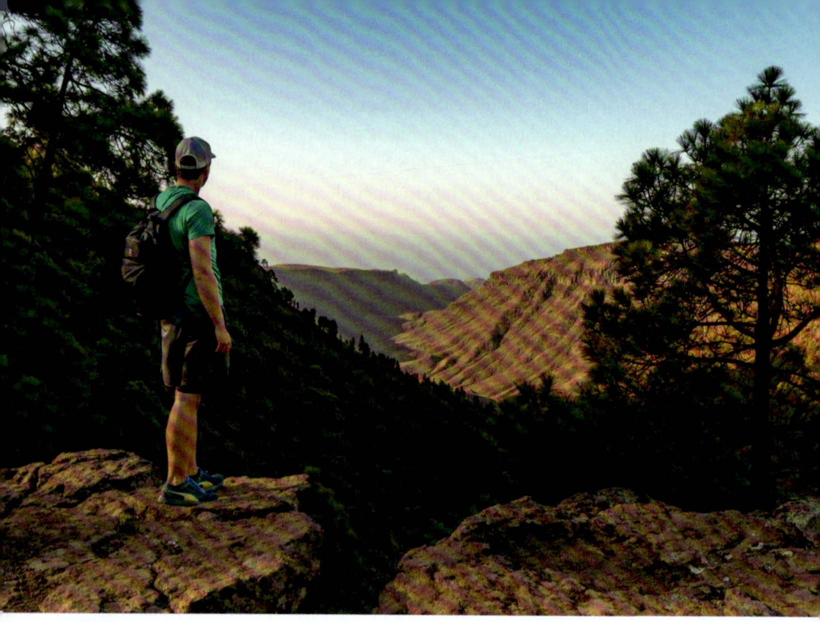

Felskanzel

ist der Weg wieder gut erkennbar. Talabwärts können Sie die gesamte Südwestküste Gran Canarias von Arguineguín über Puerto Rico bis nach Puerto de Mogán sehen. 1,2 km unterhalb der Ruine erreichen Sie in einer schmalen Kehre eine breite Felskanzel, die sich perfekt zum Rasten anbietet ❷. Einen knappen Kilometer weiter unten ignorieren Sie einen Abzweig nach rechts ❸ und wandern weiter geradeaus.

↳ Wenn Sie rechts wieder der PR-GC-45 folgen, ist Ihre Rundtour anschließend nur etwa 11 km lang. Sie laufen auf einem gut ausgebauten Pfad entlang der Hänge des Tauro und stoßen an der Degollada de las Lapas ❻ wieder auf die Wanderroute, der Sie rechts folgen.

Die folgenden 3 km sind geprägt von Ruhe und guter Aussicht. Auf einem wenig begangenen Pfad lassen Sie den Kiefernwald hinter sich und wandern auf einem Höhenzug entlang der Felskante bis zur Degollada de Cortadores ❹. Auf den letzten 2 km führt eine befestigte Wasserleitung parallel zum Wanderpfad. Unmittelbar bei der Degollada befindet sich ein größeres Gehöft.

Es kann sein, dass Sie hier auf frei laufende Hunde treffen. Die kanarischen Wachhunde sollen die Fincas verteidigen und stellen im Normalfall keine Gefahr da, wenn Sie den Tieren aus dem Weg gehen.

Oberhalb des Gehöfts führt der Weg wieder hinauf in den Barranco de Tauro. Vom Gehöft folgen Sie einem Pfad in nordwestlicher Richtung. Nach 160 m verlassen Sie den Pfad nach rechts und durchqueren in einer Linkskurve ein trockenes Bachbett. Im Anschluss an die Kurve folgen Sie dem Pfad weiter nach rechts und nun auf den nächsten 2,7 km nordwestlich Richtung Barranco aufwärts. Der Pfad macht immer wieder kleinere Kurven und durchquert die schmalen Seitentäler des Barranco. Auf diesem Abschnitt zweigt kein anderer Weg ab. Nach den 2,7 km treffen Sie auf eine verlassene Finca.

Von der Finca folgen Sie dem Pfad 270 m in südlicher Richtung bis in die Talsohle des Barranco. Auf 500 m beschreibt der Weg dann einige kleinere Kurven und verläuft in westlicher Richtung bis an den Hang des Barranco. Der Pfad verläuft in einer Linkskurve und führt in südlicher Richtung weiter. Auf einer Länge von 2,7 km folgen Sie dem Weg gen Süden durch den Barranco, bis er eine 180°-Kehre beschreibt. Anschließend queren Sie auf 350 m zwei trockene Bachläufe.

Weitere 330 m später, bei km 15, haben Sie den tiefsten Punkt der Tour erreicht ❺ und biegen rechts ab. 150 m südlich von hier können Sie in der Talsohle einen befestigten Weg und die einzelnen Fincas der Siedlung Tauro Alto erkennen. Das anspruchsvollste Wegstück liegt vor Ihnen. Die nächsten 1,4 km führen Sie auf einem Pfad durch die Steilwand hinauf auf einen Höhenzug oberhalb des Barranco. Es gilt, in diesem Abschnitt rund 300 Hm zurückzulegen. Nach 350 m in schmalen Serpentinen erreichen Sie die Schlüsselstelle des Aufstiegs.

Eng am Fels geht es auf einem schlechten Pfad entlang der Abbruchkante knappe 300 m hinauf. Anschließend traversieren Sie nach rechts, queren in zwei Kehren eine Wasserleitung und haben den Höhenzug erreicht. Hier biegen Sie nach rechts ab. Den anstrengendsten Teil haben Sie nun hinter sich. Parallel zum Barranco de Mogán wandern Sie drei ermüdende Kilometer hinauf zur Degollada de las Lapas. Wenngleich die Aussicht super ist, bietet das Terrain nur wenig Abwechslung. Stellen Sie sich auf einen kräftezehrenden Anstieg ein. Bei km 19,3 treffen Sie wieder auf die Wanderroute PR-GC-45. Sie folgen dem Wanderweg nach links. Nach einigen Metern, an der Degollada de las Lapas ❻, erreichen Sie die Überreste einer alten Hütte. Hier biegen Sie rechts ab. Der Weg führt nun auf

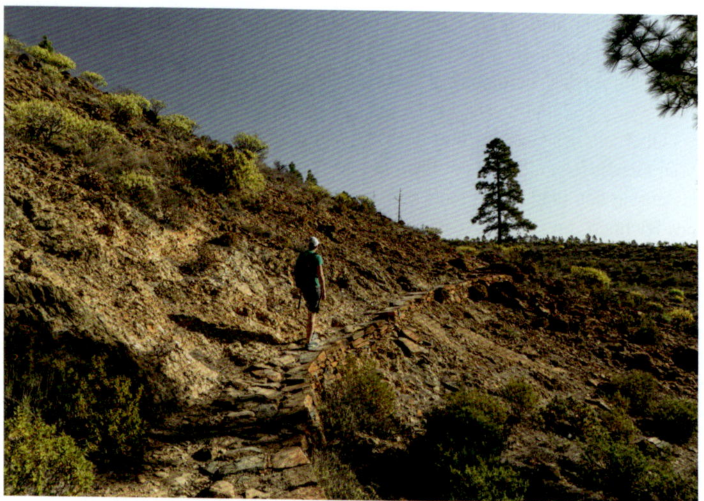

Degollada de las Lapas

einer teils gut ausgebauten Trasse wieder hinauf zum Tauro. Am höchsten Punkt des Weges führt ein Trampelpfad unbeschildert 100 m nach links.

Von einem exponierten Aussichtspunkt ❼ oberhalb der Steilklippen blicken Sie tief hinab in den Barranco de Mogán und über die Inagua hinweg zum Teide nach Teneriffa.

Sie kehren wieder um und biegen am Abzweig des Trampelpfades nach links ab. Zwei unbeschilderte Abzweige nach rechts ignorieren Sie. Nach einer Rechtskurve schließt sich der Rundweg um den Tauro. Sie wandern die letzten Meter zum Parkplatz auf der gleichen Trasse wie im Aufstieg.

19 Palmitos-Tour in den Bergen von Maspalomas

Wanderung für Sonnenanbeter und Panoramaliebhaber

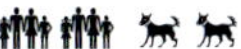

Auf dieser Tour erwartet Sie eine aussichtsreiche Wanderung in den Palmitos-Bergen im Süden Gran Canarias. Der Ausgangspunkt der Wanderung ist nur 12 km von Maspalomas entfernt. Die gesamte Strecke gliedert sich in drei Abschnitte: Auf- und Abstieg erfolgen auf der gleichen Route und im Mittelteil wandern Sie ohne große Höhenunterschiede auf einem kiefernbewachsenen Hochplateau. Sie werden diese Panoramatour wegen der Tiefblicke in die imposanten Barrancos mögen. Als Ergänzung der Wanderung lohnt sich ein Besuch im bekannten Palmitos-Park.

Start/Ziel: Aussichtspunkt Mirador de Ayagaures an der Cima Pedro González, GPS N 27°50.162‘ W 015°36.766‘

8,6 km

3 Std.

433 m/433 m

459-834 m

Die Wanderung ist als solche nicht beschildert. Sie folgen bis zum Abzweig bei km 4,2 einem Camino Reales ins Inselinnere. Der Rundweg im mittleren Teil der Tour ist unbeschildert.

Die ersten und letzten 1,7 km verlaufen auf einem Schotterweg. Bis zum Abzweig vom Camino Reales folgen Sie einem gut ausgetretenen Wanderpfad. Dann wandern Sie ein Stück auf einem schwach erkennbaren Pfad über staubigen und steinigen Untergrund, bevor Sie wieder auf den Wanderpfad treffen. Es gibt unterwegs kaum Schatten.

Einkehrmöglichkeiten gibt es entlang der Strecke keine.

Entlang der Strecke gibt es keine ausgewiesenen Rastplätze. Sowohl im Aufstieg zur Degollada de los Tres Pinos (km 2 bis 2,5), als auch auf dem Plateau (km 5) bieten sich größere Felsen als Sitzmöglichkeit an.

Die kurze Tour ist abwechslungsreich und auch für Kinder gut begehbar. Ein Besuch im nahen Palmitos-Park nach der Wanderung motiviert zusätzlich bei dem steilen Aufstieg.

Das weitläufige Gelände der Palmitos Berge ist für Hunde gut geeignet und bietet viele Möglichkeiten zum Austoben

Der Ausgangspunkt ist mit Bussen nicht erreichbar.

Parkmöglichkeiten finden Sie am Aussichtspunkt Mirador de Ayagaures und am Straßenrand der GC-503 in beiden Richtungen. Schon die Straße zum kleinen Aussichtspunkt Mirador de Ayagaures ist ein Erlebnis – zumindest, wenn Sie sich selbst ans Steuer gewagt haben. Die schöne Panoramastrecke ist insbesondere auch bei Radfahrern sehr beliebt, weshalb Sie sich bei An- und Abreise durch die schmalen Kurven nicht zum Rasen verleitet fühlen sollten.

Packen Sie genug zu trinken und Sonnencreme ein. Eine Kopfbedeckung ist insbesondere für den Aufstieg sehr zu empfehlen.

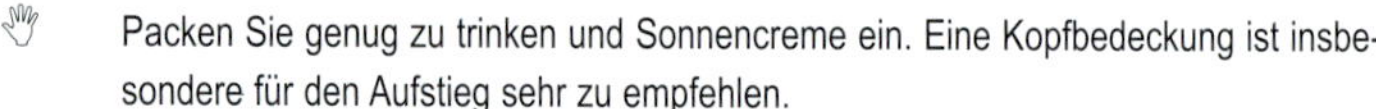

Sie starten am Parkplatz beim Aussichtspunkt Mirador de Ayagaures. Nachdem Sie die Aussicht auf sich haben wirken lassen, folgen Sie für 120 m der Straße gen Norden in Richtung Landesinnere bis zu einem Abzweig. Hier biegen Sie links ab und wandern durch die kleine Siedlung Lomo los Palmitos. Einfache Häuschen und bellende Hunde prägen das Erscheinungsbild der Ortschaft.

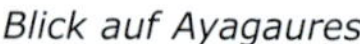

Blick auf Ayagaures

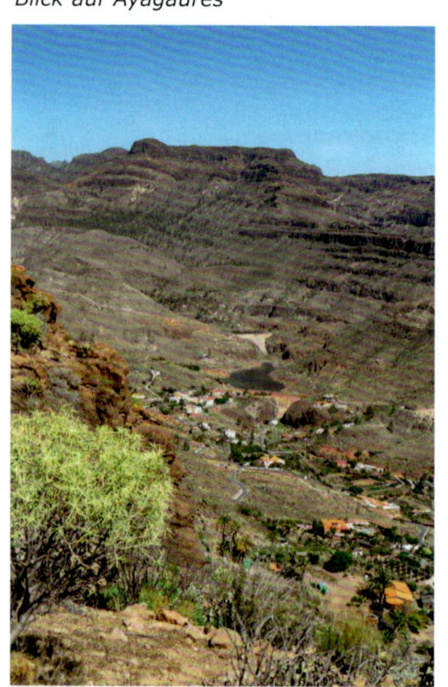

Die Sonne im Süden ist gefühlt deutlich wärmer als im Norden der Insel. Bereits in den Morgenstunden befindet sich der Weg in der prallen Sonne.

Nach 1,5 km auf einer Schotterstraße geht der Weg oberhalb der letzten Häuser nach links in einen Pfad über. Erst jetzt verstummt das fröhliche Geplapper der Papageien aus dem nahen Palmitos-Park. Das Gelände wird merklich steiler und auch die Vegetation dichter. Auf den umliegenden Gipfeln thronen majestätisch die typisch kanarischen Kiefernwälder. Hier im Süden sind sie deutlich lichter als im Nordwesten der Insel. Stolzen Hauptes trotzen sie der unerbittlichen Sonne des Südens.

Der Pfad führt durchs dichte Unterholz ca. 600 m geradeaus an den tiefsten Punkt des Barranco. Je nach Witterung fließt hier ein kleiner Bach über die Steine. Nach einer 100°-Kehre macht der Weg in kurzen Serpentinen ordentlich Höhenmeter gut. Nach ca. 500 m, an der Degollada de los Tres Pinos ❶, lässt die Steigung wieder deutlich nach. Sie haben den Großteil der Höhenmeter hinter sich und können getrost das traumhafte Panorama genießen. Weitere 850 m entfernt erreichen Sie den Beginn des kurzen Rundwegs und biegen rechts ab. Sie befinden sich nun auf dem Hochplateau der Palmitos-Berge. Nach dem schweißtreibenden Aufstieg können Sie nun den schönsten Teil der Wanderung genießen. Für ca. 1 km verläuft der Camino Reales auf dem Hochplateau an der Ostseite der Berge entlang, bis zu einem unscheinbaren Abzweig ❷. Immer wieder können Sie den Schatten der einzelnen Bäume zum Verweilen nutzen. Der Blick reicht vom Hauptkamm

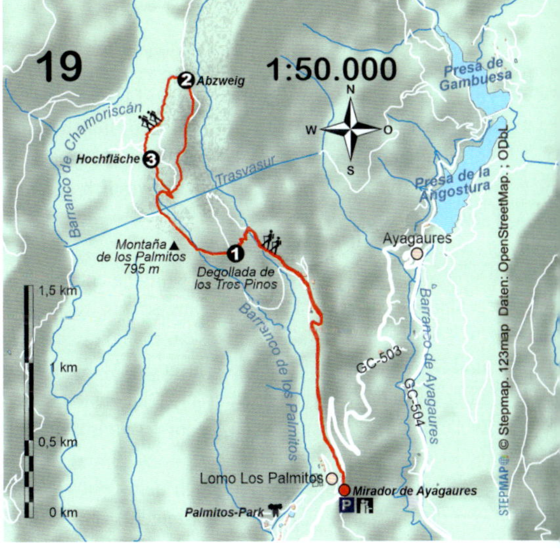

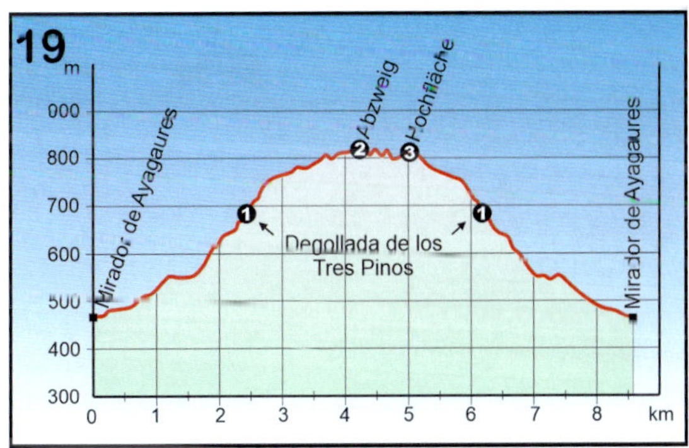

der Insel bis hinab zu den Dünen von Maspalomas. Am Abzweig öffnet sich das Terrain nach Westen. Der Camino Reales führt weiter geradeaus ins Landesinnere, Sie aber folgen dem Weg nach links. 120 m hinter dem Abzweig erreichen Sie die schroffe Abbruchkante in den westlich gelegenen Barranco de Chamoriscán.

Die folgenden 500 m sind wohl die imposantesten der Tour, aber auch die gefährlichsten. Der Weg ist teilweise nur schwach erkennbar. Er verläuft in 2-10 m Abstand parallel zur Felskante. In diesem Bereich ist neben Trittsicherheit und Schwindelfreiheit auch ein gesundes Maß an Vernunft gefragt. Gehen Sie zu Ihrer eigenen Sicherheit nicht zu dicht an die Kante heran. Zur linken Seite ist das Gelände ungefährlich. Laufen Sie im Zweifelsfall also eher etwas links des Weges.

Der kurze Rundweg nähert sich dem Ende. Der Pfad führt wieder nach links von der Felskante weg. Leicht ansteigend geht es hinauf auf ein felsiges Plateau mit wenig Bewuchs ❸. Der meist windstille und dennoch exponierte Ort eignet sich perfekt zum Sonnenbaden. Einige größere Felsen ermöglichen es sogar, sich hinzulegen. Die Tatsache, dass es anschließend auf dem Ihnen bereits bekannten

Ausblick von der Hochebene

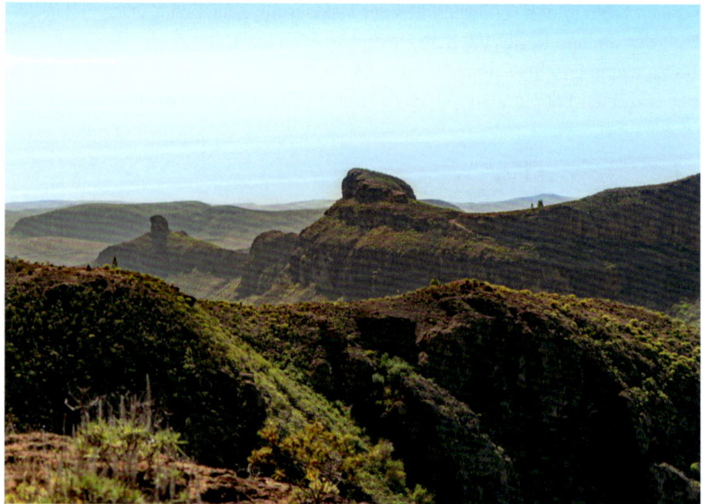

Weg zurück zum Ausgangspunkt geht, lässt Sie die zeitliche Komponente des Sonnenbades recht gut disponieren. Beachten Sie jedoch auch, dass das Wetter auf Gran Canaria ziemlich schnell umschlagen kann.

Nach ca. 5,3 km schließt sich der Rundweg und Sie zweigen rechts auf den vom Hinweg bekannten Weg ab und laufen zurück zum Ausgangspunkt.

Bevor Sie auf dem Rückweg das Hochplateau in Richtung der Talsohle des Barranco verlassen, kommen Sie unweit der Degollada de los Tres Pinos ❶ an einem sehr schönen Fotospot vorbei. Mit einigen Felsen im Vordergrund sehen Sie die Siedlung Lomo los Palmitos und im Hintergrund Maspalomas, die Dünen und das weite Meer.

☺ Trotz der Nähe zu Maspalomas verirren sich nur wenige Badeurlauber zum Wandern in die Palmitos-Berge. Deutlich beliebter ist der gleichnamige Tierpark im tiefer gelegenen Barranco de los Palmitos. Vom Start der Wanderung ist der Palmitos-Park nur einen Steinwurf entfernt. Leider führt keine direkte Wegverbindung hinab in den Barranco zum Park. Einen Besuch sollten Sie sich dennoch nicht entgehen lassen. Mit dem Auto sind Sie rund 20 Min. unterwegs.

Der Palmitos-Park ist sowohl ein botanischer Garten als auch ein Tierpark. Die Einrichtung zählt zu den beliebtesten auf der Insel. Highlights des Parks sind die Delfin- und Vogelshows.

♦ Palmitos-Park, Barranco de los Palmitos, 35109 San Bartolomé de Tirajana, ☏ 00 34/928 79 70 70, www.palmitospark.es/de, 10:00–18:00, Eintritt: Erwachsene € 32, Kinder € 21, Tickets gibt es online mit Rabatt oder vor Ort.

⑳ Rund um die Nekropole von Arteara

Wanderung für Kulturinteressierte und Naturliebhaber

Sie machen eine gemütliche Rundwanderung im unteren Barranco de Fataga. Auf einem offiziellen Lehrpfad durchqueren Sie die Nekropole von Arteara und wandern anschließend mit Blick zum höchsten Berg der Insel zurück zum Ausgangspunkt. Die kurze Rundtour lässt sich perfekt mit einem Besuch im Freilichtmuseum Mundo Aborigen und der schönen Bergdörfer Fataga und San Bartolomé de Tirajana verbinden.

Start/Ziel: Parkplatz an der GC-60 vor der Ortschaft Arteara, GPS N 27°51.014' W 015°33.922'

6,5 km

2 Std.

270 m/270 m

336-430 m

In der Nekropole ist der Weg als Lehrpfad beschildert. Im weiteren Verlauf ist die Tour unbeschildert.

Bis zum Eingang in die Nekropole folgt der Weg einer befestigten Straße. Durch die Nekropole wandern Sie 1 km auf einem Wanderpfad. Der Großteil der Tour (4 km) verläuft auf einem geschotterten Wanderweg. Auf dem letzten Kilometer der Tour wandern Sie entlang der Straße. Unterwegs gibt es kaum Schatten.

Einkehrmöglichkeiten gibt es entlang der Strecke keine. 5 km von Arteara entfernt befindet sich das Bergdorf Fataga mit zahlreichen kleinen Restaurants.

Beim Informationszentrum (km 0,7) als auch im Barranco de Fataga (km 1,2) bieten sich Felsen am Wegesrand als Sitzmöglichkeit an.

Für Kinder ist die Tour gut begehbar. Der Weg auf der Schotterpiste ist für die Kleinen eher uninteressant. Ein echtes Highlight ist der Kamelpark direkt am Ortseingang von Arteara.

Die Tour ist für Hunde gut geeignet. Im Gebiet der Nekropole sollten Sie mit anderen Besuchern rechnen und daher eine Leine mitführen.

Bushaltestelle „Arteara", Linie 18 (Maspalomas – Tejeda), der Bus fährt unter der Woche fünfmal täglich, am Wochenende nur zweimal. Die letzte Rückfahrt ist um 18:20. Die Haltestelle ist am Weg an der GC-60). Queren Sie die Straße und gehen geradeaus in einen Feldweg. Nach 60 m halten Sie sich links und gelangen nach 110 m zum Start der Wanderung.

P Am Start an der GC-60 (Abzweig GC-601) befindet sich ein Schotterplatz, auf dem Sie parken können (Hinweisschild zum Kamelpark).

Packen Sie ausreichend Wasser, Proviant und Sonnenschutz ein.

Die Wanderung startet am Schotterplatz vor der überschaubaren Siedlung Arteara. Auf der durchfahrtsbeschränkten Straße wandern Sie vom Parkplatz 700 m am Ortsrand entlang nach Südwesten bis zum Besucherzentrum ❶. Unterwegs kommen Sie an den Gärten der Bewohner vorbei und können sich an den vielfältigen Pflanzen erfreuen – Dattelpalmen, Orangen- und Zitronenbäume stehen fast in jedem Garten.

⌘ Die Nekropole von Arteara ist die größte ihrer Art auf Gran Canaria. Nach einem riesigen Felssturz in der frühen Neuzeit entstand ein mächtiges Trümmerfeld im Barranco de Fataga. Die kanarischen Ureinwohner nutzten die entstandene Felshalde als Begräbnisstätte. Über 800 Grabhügel finden sich auf dem Areal. Viele dienten mehreren Personen als letzte Ruhestätte. An einer Stelle, die während der Tagundnachtgleiche im Frühjahr bei Sonnenaufgang beleuchtet wird, befindet sich die Sepultura del Rey, das Königsgrab.

Besucherzentrum bei der Nekropole

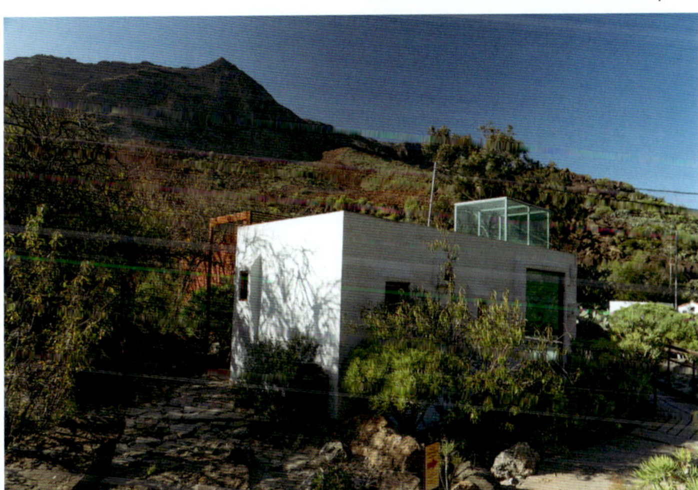

Das Besucherzentrum bietet die Möglichkeit, einen kurzen Rundgang durch die Anlage zu machen. Das Königsgrab kann nur während der Öffnungszeiten besucht werden.

Nekropole von Arteara, ☏ 00 34/638 81 05 91, necropolisdearteara@arqueocanaria.com, www.necropolisdearteara.com, Sep-Juni Di-So 10:00-14:00, Juli, Aug geschlossen, Eintritt: Erwachsene € 4, Kinder € 2

Leider ist das Besucherzentrum lediglich über die Mittagsstunden geöffnet und mittags kann die Tour wegen der prallen Sonne recht anstrengend sein. Für den hier beschriebenen Rundweg brauchen Sie nicht zwingend während der Öffnungszeiten dort zu sein.

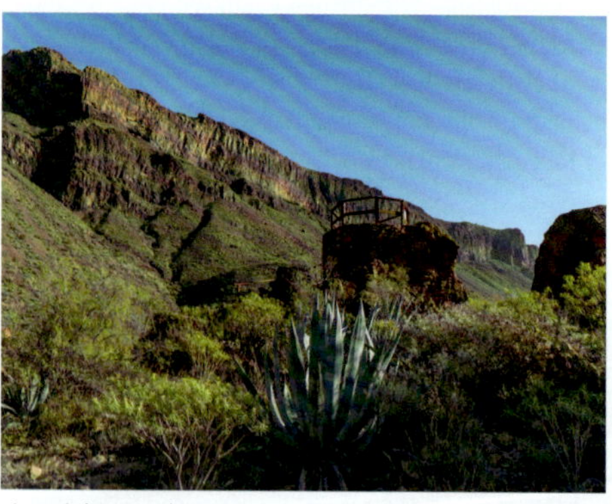

Aussichtspunkt

Sie wandern am Rand der Anlage auf einem steinigen Pfad mit Informationstafeln. Die Tafeln stellen allerhand Fakten über die Begräbnisstätten und Flora und Fauna im Barranco de Fataga vor. Nach ca. 500 m erreichen Sie einen steinernen Aussichtspunkt ❷.

Der leicht erhöhte Aussichtspunkt gibt einen perfekten Ausblick in den palmenbewachsenen unteren Teil des Barranco sowie nach oben über die gesamte Nekropole.

Unterhalb des Aussichtspunktes steht ein Verbotsschild, das jedoch lediglich das Ende des Weges durch die Kultstätte kennzeichnet. Der Wanderweg darf auch im weiteren Verlauf begangen werden. Ein Schotterpfad führt in wenigen Serpentinen rund 500 m hinauf bis auf eine Schotterstraße, wo Sie rechts abbiegen. Auf den nächsten 3,5 km folgen Sie dieser Straße. Arteara liegt nun auf der rechten Seite unter Ihnen. Nach der ersten Wegbiegung wird der Blick auf den Gipfelkamm rund um den Pico de las Nieves und den Morro de la Agujereada frei. Nicht selten werden die Passatwolken von den Bergen zurückgehalten und sorgen für sonniges Wetter im Süden, während es im Norden bewölkt ist oder sogar regnet.

☺ Sehr häufig können Sie auf diesem Wegstück ein einmaliges Schauspiel beobachten, wobei sich die Ausläufer der Wolken über den Pico de las Nieves schieben und sich im oberen Barranco de Fataga auflösen.

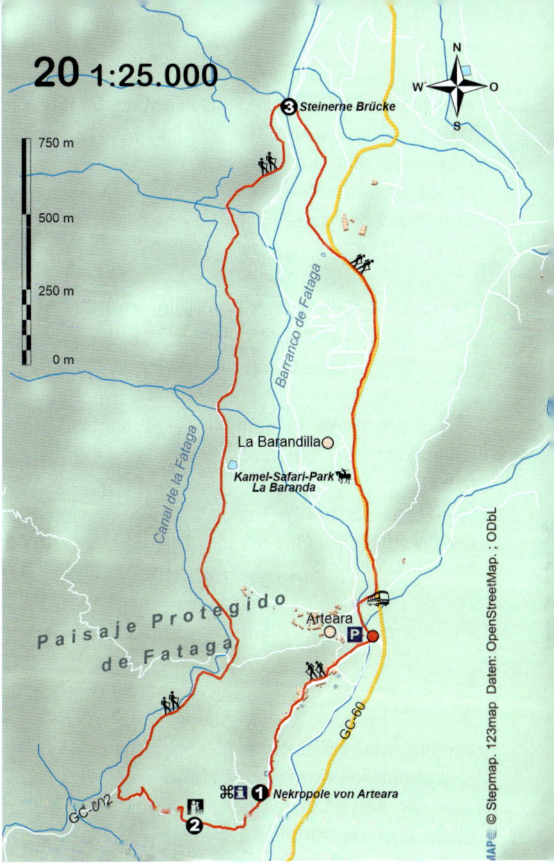

An einer steinernen Brücke ist der Scheitelpunkt der Tour erreicht ❸ und es geht nach rechts wieder zurück in Richtung Ausgangspunkt. 550 m führt die Schotterstraße bergauf bis zur GC-60, der Sie rechts folgen. Bis zurück zum Ausgangspunkt sind es 1,2 km. Wandern Sie auf der linken Straßenseite; teilweise

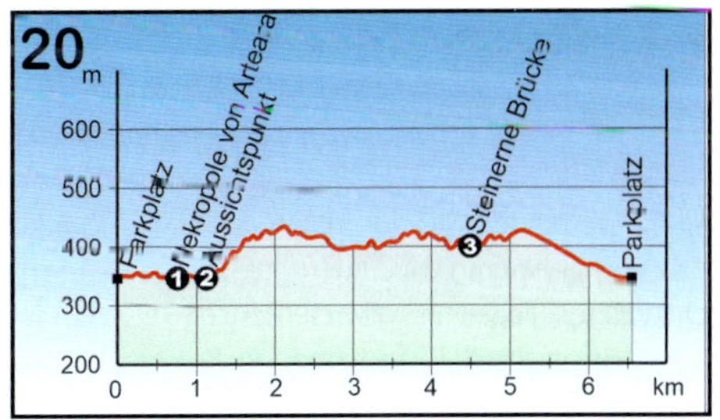

können Sie auch bequem etwas neben der Straße laufen, um den Autos aus dem Weg zu gehen. 500 m vor dem Parkplatz kommen Sie an einem Kamel-Safari-Park vorbei. Kamelreiten zählt zu einem der Events, die in den Hotelanlagen rund um Maspalomas beworben werden. Wenn Sie Ihre Wanderung durch einen Besuch bei den Kamelen abrunden wollen, sollten Sie diesen am besten bereits vorab buchen.

Kamel-Safari-Park La Baranda, GC-60, km 14, 35108 Fataga,
00 34/650 95 17 65, info@camelsafarigrancanaria.com,
www.camelsafarigrancanaria.com/de, Mo-Sa 9:00-17:00

Auf der Straße wandern Sie weiter und biegen dann nach 500 m rechts und dann direkt links zum Parkplatz ab.

☺ Auf der halben Strecke zwischen Maspalomas und Arteara befindet sich der Aussichtspunkt Mirador Degollada de Las Yeguas. Insbesondere abends können Sie hier unweit der Touristenzentren des Südens echtes Grand-Canyon-Feeling erleben. Sie erreichen den Aussichtspunkt mit dem Auto in 10 Minuten ab Arteara.

☺ Ca. 5 km von Arteara entfernt, auf dem Weg nach Maspalomas, liegt das ⌘ Freilichtmuseum Mundo Aborigen. Auf einer Fläche von 110.000 m² wird die ursprüngliche Lebensweise der kanarischen Ureinwohner nachgestellt. Neben zahlreichen rekonstruierten Gebäuden und Exponaten sorgen typisch kanarische Tiere für Abwechslung zum Kulturprogramm. Während sich kulturinteressierte Eltern über die Altkanarier informieren, bieten Ziegen, Schafe, Schweine und Hühner ausreichend Unterhaltung für die Kleinen.

♦ Mundo Aborigen, Calle San José, 14X, 35108 Fataga,
mundoaborigengrancanaria@gmail.com,
www.facebook.com/MundoaborigenGranCanaria, 9:30-18:30, Eintritt: € 10

☺ Verbinden Sie den relativ einfachen Rundweg durch die Nekropole von Arteara mit einem Besuch der Orte Fataga und San Bartolome de Tirajana. Beide Ortschaften liegen im oberen Bereich des Barranco und locken Besucher mit traumhaft idyllischen Ansichten. In Kombination mit der Rundwanderung ergibt sich ein perfekter Halbtagesausflug.

Osten

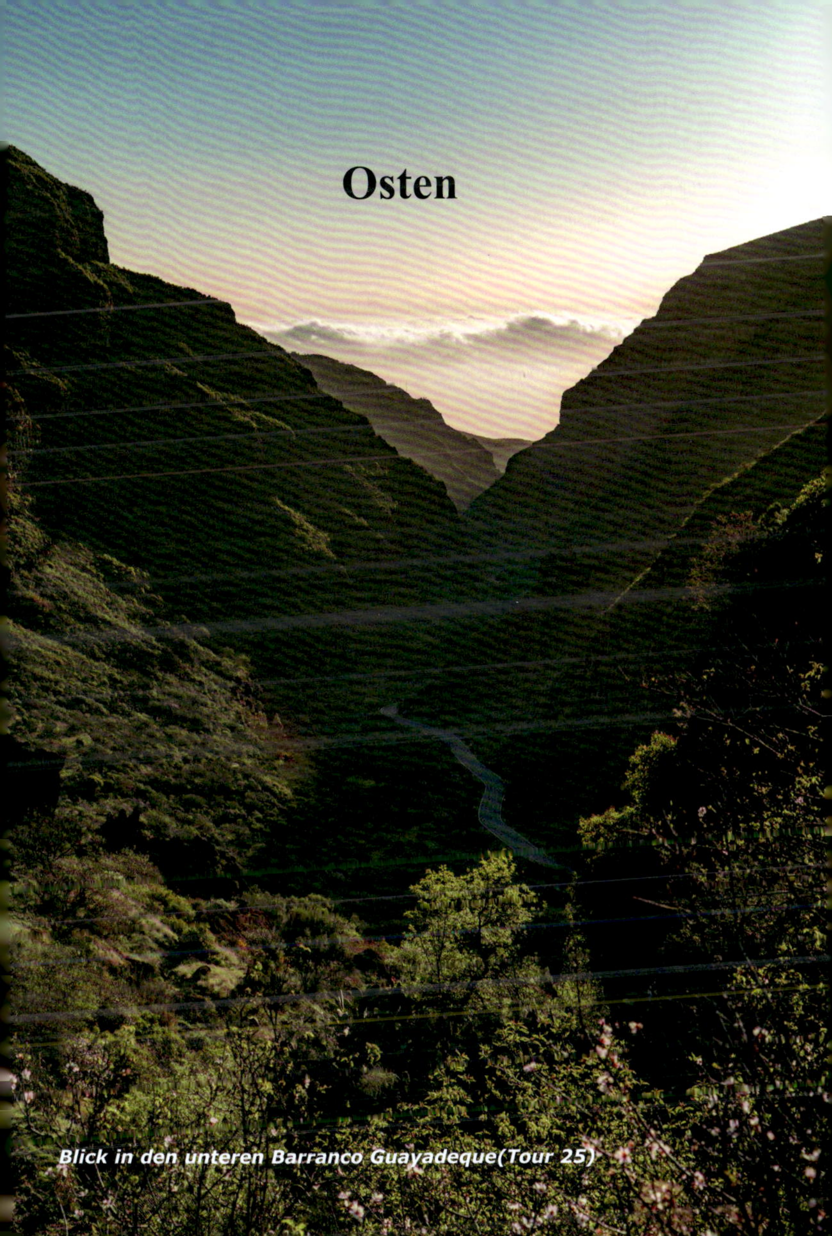

Blick in den unteren Barranco Guayadeque(Tour 25)

21 Auf den Berg und in den Krater – Bandama-Rundtour

Tour für Naturliebhaber und kulturgeologisch interessierte Wanderer

Am Pico de Bandama erleben Sie die unterschiedlichen Vegetationsebenen des Vulkanismus auf Gran Canaria. Die abwechslungsreiche Rundwanderung führt Sie auf den Gipfel des Pico de Bandama. Bevor Sie anschließend in den Krater Caldera de Bandama hinabsteigen, genießen Sie während des Rundweges am Kraterrand (Camino Borde de Caldera) die Aussicht auf die Ostküste Gran Canarias.

Start/Ziel: Bushaltestelle „Bandama", GPS N 28°02.156' W 015°27.622'

10,0 km

4 Std.

829 m/829 m

223-555 m

Der Auf- und Abstieg auf den Gipfel ist unbeschildert und verläuft am Straßenrand. Auf dem Kraterrundweg folgen Sie der Beschilderung „Camino Borde de Caldera". Im Krater ist lediglich der Auf- und Abstieg als Camino Fondo de Caldera beschildert. Im Kratergrund folgen Sie einem unbeschilderten Pfad.

Im Aufstieg auf den Pico de Bandama wandern Sie auf asphaltiertem Untergrund. Der Kraterrundweg verläuft auf einem Pfad mit losem Vulkangestein und Erde. Im Kraterinneren sind die Pfade überwiegend erdig. Gutes Schuhwerk ist auf jeden Fall Voraussetzung für diese Wanderung. Teilweise ist am Krater Schwindelfreiheit von Vorteil.

Restaurant Los Geranios am Start/Ziel bzw. bei km 6,3 und ein Kiosk beim Aufstieg zum bzw. Abstieg vom Gipfel (km 0,9 und 2,8)

Entlang der Strecke gibt es keine ausgewiesenen Rastplätze. Sowohl am Pico de Bandama (km 2) als auch an der Finca im Kratergrund (km 7,7) bieten sich Steinmauern als Sitzmöglichkeit an. Am Eingang zum Krater (km 6,4) befinden sich einige Bänke.

WC Mirador Del Vino: La Caldera (km 0,9 und 2,8).

Die Tour ist für Kinder gut geeignet. Besonders der Abschnitt im Krater ist spannend, da es rund um die alte Finca einiges zu erkunden gibt.

Die Tour ist für Hunde gut geeignet. Im Bereich des Kraters befinden Sie sich in einem Naturschutzgebiet. Hunde müssen hier angeleint sein.

Bushaltestelle „Bandama", Linie 311 (Las Palmas – Bandama – Santa Brigida). Busse fahren unter der Woche stündlich und am Wochenende im Zweistundentakt.

Parkmöglichkeiten befinden sich entlang der GC-802 oder in der angrenzenden Straße Camino a la Caldera.

Das Eingangstor am Kratereingang ist täglich von 8:00-17:00 geöffnet. Sie sollten die Wanderung daher vor 17:00 beendet haben.

Sie starten Ihre Wanderung an der Bushaltestelle vor dem kleinen Restaurant Los Geranios.

Los Geranios, Camino a La Caldera, 38, 35307 Sta Brígida. 00 34/928 35 55 77, So, Di 12:30-16:00, Mi 12:30-17:00, Do 12:30-18:00 und 20:30-23:00, Fr, Sa 13:00-17:00 und 20:30-23:30

Sie gehen entlang der Straße kurz nach Nordosten und biegen dann rechts ab. Auf der Straße gelangen Sie hinauf zum Pico de Bandama. Der Berg ist ein beliebter Aussichtspunkt im Nordosten der Insel. 100 m hinter dem Abzweig

Blick vom Pico de Bandama ins Inselinnere

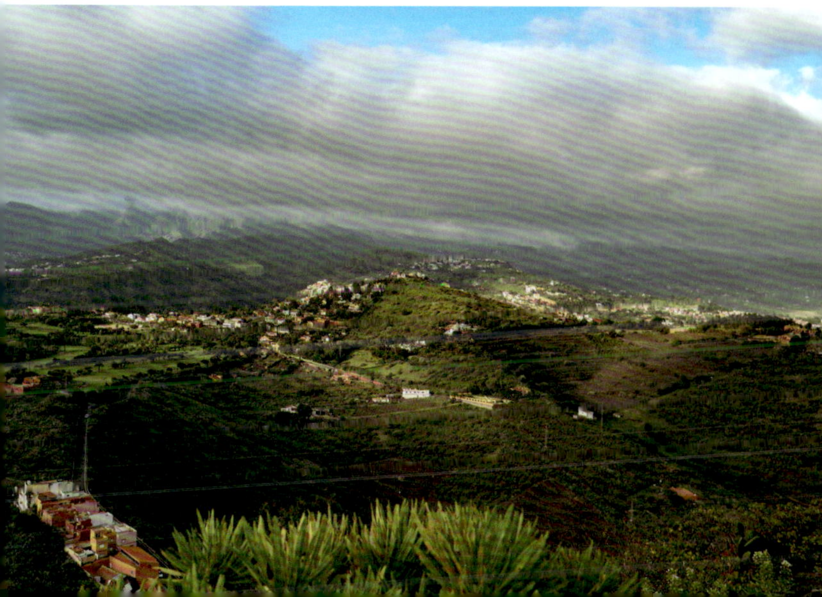

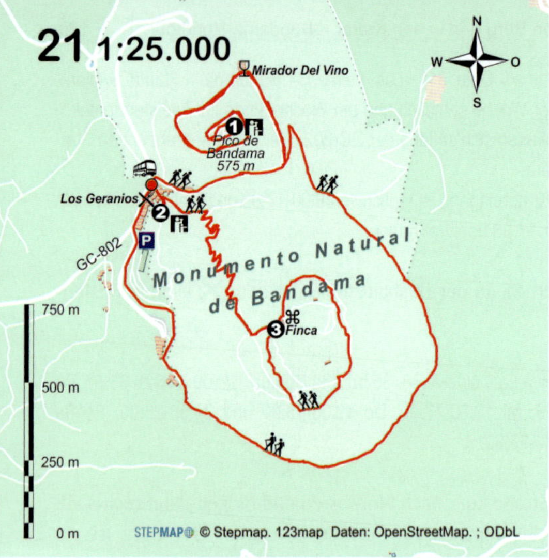

passieren Sie eine Schranke – wenn diese geöffnet ist, können Sie theoretisch auch mit dem Auto hinauffahren. Da die Straße recht eng ist und die Randbefestigung nicht allzu vertrauenerweckend wirkt, ist der Aufstieg zu Fuß aber bedeutend stressfreier. In einer Spirale führt die kleine Straße hinauf zum Gipfel. Bereits nach 900 m erreichen Sie einen kleinen Kiosk mit öffentlichen Toiletten.

🍷 WC Mirador Del Vino: La Caldera, Carr. a Los Hoyos, 242, 35017 Las Palmas, ☎ 00 34/639 16 25 77, 🚪 9:30-19:30

Nach einem weiteren Kilometer bergauf haben Sie den Gipfel erreicht ❶. Nehmen Sie sich die Zeit, das Panorama zu genießen. Der Blick reicht bis hinauf zum Pico de las Nieves. Sie erkennen den Gipfel sehr gut an den vorgelagerten Sendemasten. Nach Norden liegt Ihnen die Inselhauptstadt Las Palmas zu Füßen.

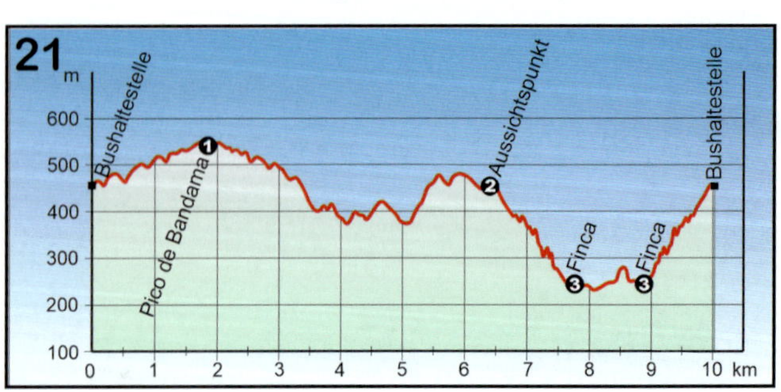

Gut zu erkennen ist der Hafen, wo fast täglich die großen Kreuzfahrtschiffe vor Anker liegen. Der Abstieg vom Gipfel führt Sie auf gleichem Weg wieder am Kiosk vorbei. Nach ca. 1,3 km erreichen Sie den Abzweig zum Camino Borde de Caldera. Folgen Sie der Beschilderung nach links. Auf den kommenden 3 km wandern Sie entlang des Kraterrandes um den Bandama-Krater herum. Sie können den Weg nicht verfehlen.

Von Zeit zu Zeit führen kleine Trampelpfade ein paar Meter nach rechts in Richtung Krater. Der Pico de Bandama erhebt sich über dem Krater und bietet ein tolles Fotomotiv.

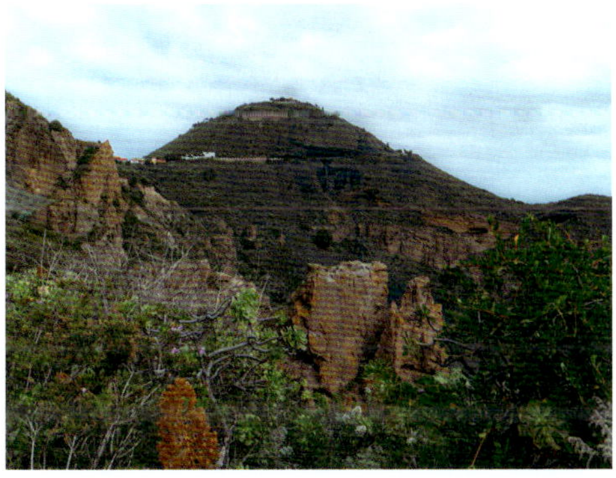

Blick vom Kraterrand zum Pico de Bandama

Kleine steile Auf- und Abstiege machen diesen Wegabschnitt zur konditionell anspruchsvollsten Herausforderung der gesamten Wanderung. In losem Schotter geht es teils recht steil hoch und runter.

Links und rechts des Weges fällt das Terrain teils stark ab. Obwohl der Weg gut ausgebaut, ist befinden Sie sich am Rand des Kraters. Ein wenig Schwindelfreiheit ist daher absolut von Vorteil.

Nach der Hälfte des Kraterrundweges haben Sie einen herrlichen Ausblick auf die Ostküste der Insel. Der Blick reicht bis zum Flughafen Gran Canarias und weit hinaus aufs Meer. Die letzten Meter hinauf zum Golfplatz sind durch Holzstufen befestigt. Am Rand des Golfplatzes angelangt geht der Wanderpfad wieder in eine befestigte Straße über.

Sie kommen an die GC-802 und folgen Ihr nach rechts. Als kurzen Zwischenstopp haben Sie nun den Ausgangspunkt der Tour wieder erreicht. Ein weiteres Highlight erwartet Sie aber mit dem Abstieg in den Krater noch. Hinter dem Restaurant Los Geranios führt Sie eine kleine Sackgasse nach rechts. Vorbei an der

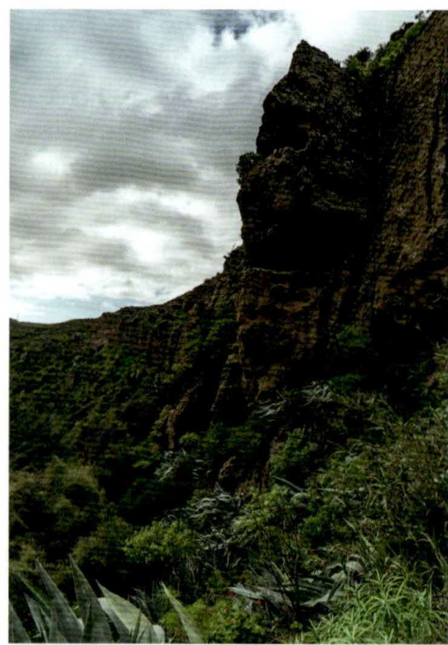

Imposante Landschaft im Abstieg in den Krater

Bodega Hoyos de Bandama erreichen Sie ein altes gusseisernes Tor, den Eingang zum Krater. Hinter dem Eingang befindet sich auf der rechten Seite ein schöner Aussichtspunkt mit allerlei Hinweistafeln zum Krater, dessen Entstehung, Vegetation und Nutzung ❷. Nach einer kurzen informativen Pause kehren Sie von dem Aussichtspunkt zurück und folgen nun der Beschilderung „Camino Fondo de Caldera" hinab in den Krater. Der Wanderpfad ist im oberen Teil gepflastert und auch anschließend sehr gut befestigt. Der Abstieg ist mit 1,2 km nicht sehr lang. 210 Hm sind erst bergab und später wieder bergauf zurückzulegen.

Ziel des ausgeschilderten Lehrpfades ist eine ⌘ aufgelassene Finca am Grund des Kraters ❸. Vor dem Hauptgebäude befindet sich eine alte Weinpresse, die von der ursprünglichen landwirtschaftlichen Nutzung des Kraters zeugt.

Durch den rechten Raum der Finca führt der Rundweg in den Kratergrund. Einige Hundert Meter hinter der Finca befindet sich ein weiteres, noch bewohntes Anwesen. Obwohl der Weg im Krater nicht beschildert ist, lässt er sich sehr gut finden. Mehrere kleine Wege führen durch die Landschaft im Inneren des Kraters. Wenn Sie sich an den kleineren Abzweigen immer links halten, können Sie den kompletten Rundweg mit einer Länge von ca. 1 km erwandern, bevor Sie wieder an der alten Finca ankommen. Der Rückweg führt Sie auf gleichem Weg wieder hinauf zum Ausgangspunkt am Kraterrand.

Wer mag, beendet den Rundweg mit der Einkehr im ✕ Restaurant Los Geranios. Bei einer Tasse Kaffee und einem Stück Kuchen lässt sich das einfache kanarische Ambiente des kleinen Lokals bewundern. Neben Kaffee und Kuchen können Sie hier auch typisch kanarische Gerichte, wie Kaninchen und Runzelkartoffeln, bestellen.

22 Wanderung zum slot canyon im Barranco de las Vacas

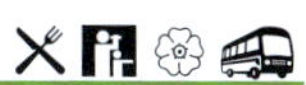

Für Naturliebhaber und Abenteurer

Auf der Tour erleben Sie Arizona-Feeling auf Gran Canaria. Zugegeben, der Antelope Canyon in den Vereinigten Staaten ist eine ganze Nummer größer, aber dennoch gibt es im Barranco de las Vacas auch auf Gran Canaria einen kleinen slot canyon zu bewundern. Obwohl der Barranco de las Vacas in den letzten Jahren deutlich an Beliebtheit hinzugewonnen hat, lässt er sich nach wie vor getrost als Geheimtipp bezeichnen. Am stressfreisten erreichen Sie den Barranco auf der hier beschriebenen Wanderung ab Agüimes.

⇆ Start/Ziel: Parkplatz in der Calle Alejandro Hidalgo in Agüimes, GPS N 27°54.415‘ W 015°26.877‘
7,3 km
2 Std. 20 Min.
277 m/277 m
290-567 m

Blick auf Agüimes

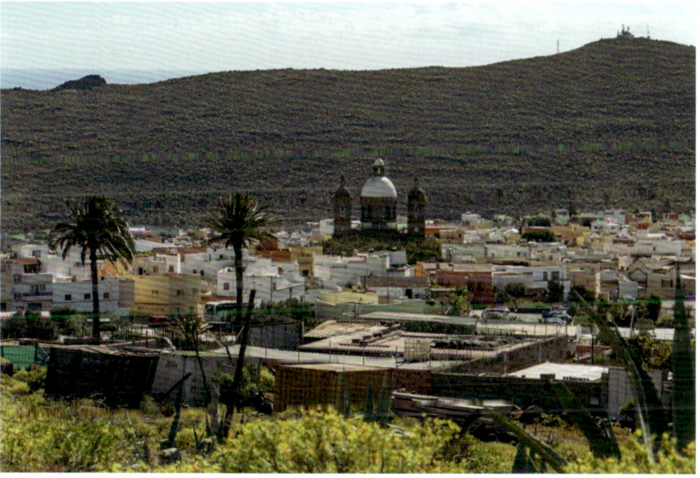

✎ Die Wanderung ist als solche nicht ausgeschildert. Vom Ortsrand von Agüimes bis zum Abstieg in den Barranco de las Vacas folgen Sie dem Wanderweg S-40.

Abgesehen von den ersten Metern am Ortsrand von Agüimes wandern Sie komplett auf Wanderpfaden. Der Untergrund ist meist von vulkanischem Gestein geprägt. Abgesehen vom Wegstück im Barranco haben Sie unterwegs keinen Schatten.

Bar/Café El Populacho in der Nähe des Start-/Zielpunktes

Entlang der Strecke gibt es keine ausgewiesenen Rastplätze. Im Barranco de las Vacas (km 3,5 bis 3,8) bieten sich große Steine im Schatten zum Rasten an.

Die Tour ist für Kinder gut geeignet. Wenngleich der Hin- und Rückweg keine besonderen Attraktionen für Kinder zu bieten hat, ist der Barranco de las Vacas hingegen ein echter Abenteuerspielplatz.

Die Tour ist für Hunde gut geeignet. Weitläufige Flächen bieten sich zum Austoben an. Bei den letzten Häusern von Agüimes befinden sich viele angeleinte Wachhunde. Je nach Temperament Ihres Hundes sollten Sie zumindest eine Leine dabeihaben.

Bushaltestelle „Estación de Agüimes“ (die Haltestelle wird von vielen Linien angefahren). Von der Haltestelle folgen Sie der Calle la Viñuela für 140 m gen Norden. Anschließend gehen Sie 60 m in eine enge Straße nach links. Sie gelangen auf einen Platz, den Sie nach rechts bis zum Ausgangspunkt der Tour queren.

P Am Ortsausgang in Richtung Barranco Guayadeque befindet sich ein großer Parkplatz (am Ende der Calle Alejandro Hidalgo).

Slot canyons sind schmale Schluchten, die über lange Zeiträume hinweg durch fließendes Wasser geformt wurden. Auf Gran Canaria finden sich solche Schluchten nur vereinzelt in den Talsohlen einiger Barrancos. Der *slot canyon* im Barranco de las Vacas ist der ausgeprägteste und gleichzeitig imposanteste Vertreter seiner Art auf Gran Canaria.

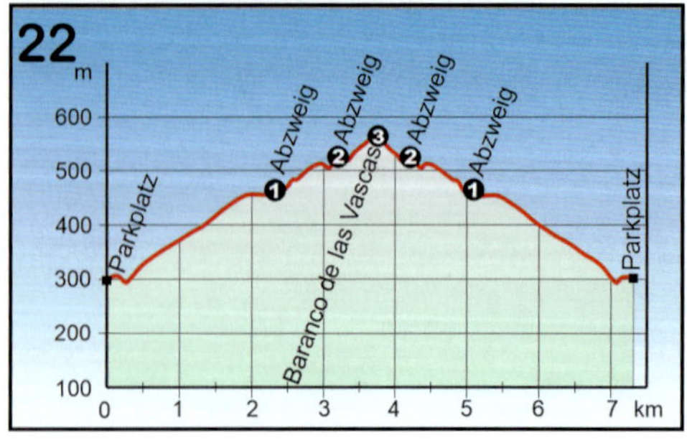

Sie verlassen den Parkplatz am Ortsrand von Agüimes über die steile Einfahrtsrampe. Sie queren den Kreisverkehr und gehen geradeaus in die Calle Alejandro Hidalgo. Ca. 140 m hinter dem Kreisverkehr gelangen

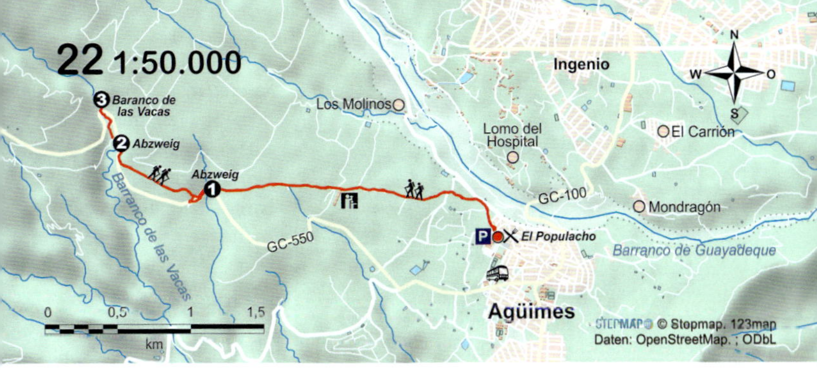

Sie an eine Kreuzung. Sie laufen geradeaus und treffen nach rund 100 m auf eine weitere Kreuzung an der Sie nach links gehen. Entlang der letzten Häuser der Kleinstadt wandern Sie auf die weite Hochfläche oberhalb der Ostküste. Trotz der Nähe zum Flughafen wird diese Region nur wenig von Touristen besucht. Der Weg entlang der kleinen Bauernhäuser gibt einen guten Einblick in das typische Inselleben der Einwohner Gran Canarias. Neben einem kleinen Obst- und Gemüsegarten findet sich auf fast jedem Hof ein wachsamer Hund. An den neugierigen Blicken der Einwohner erkennen Sie, dass nur wenige Wanderer diesen Weg einschlagen. Sie folgen dem Wanderweg S-40 hinauf in Richtung des Inselinneren. Nach 500 m haben Sie Agüimes hinter sich gelassen. Der Wanderweg quert eine kleine Straße und führt weiter hinauf in Richtung der Berge. Das Gelände oberhalb von Agüimes wird überwiegend landwirtschaftlich genutzt. Obwohl es regelmäßig regnet, lässt die Sonne nur bodennahe Kulturen zu. Umso weiter reicht der Blick beim Wandern.

Mit dem Ozean im Rücken und den Bergen vor Ihnen passieren Sie nach insgesamt 1,3 km einen großen Bauernhof. Der Blick reicht über weite Teile der Ostküste und hinaus aufs Meer.

Am Bauernhof geht der Weg in einen Pfad über, dem Sie geradeaus folgen. Für weitere 900 m ändert sich das Landschaftsbild kaum, bis der Wanderweg in einer 90°-Kurve an einem Abzweig auf die Straße GC 550 trifft ❶. Wenn Sie hier die Straße vor der Kurve queren, gelangen Sie zu einer kleinen Höhle, die zumindest zeitweise bewohnt zu sein scheint. Knapp 200 m folgen Sie einem Pfad parallel zur Straße. Anschließend queren Sie die Straße und gehen geradeaus den Hang hinauf. Nach etwa 40 m treffen Sie auf einen Pfad, dem Sie nach links folgen.

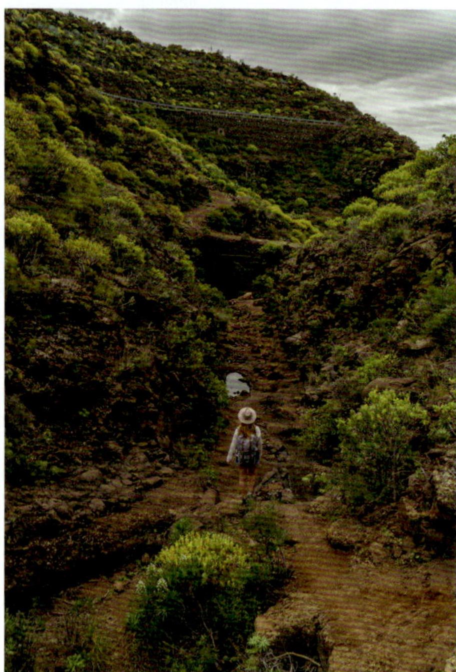

Unterhalb der Straße im Barranco

↬ Alternativ folgen Sie dem Straßenverlauf vom Abzweig ❶ für 180 m. Ein nur schwach erkennbarer Pfad führt dann nach rechts den Hang hinauf.

Wenige Meter weiter erreichen Sie eine mit Steinen bedeckte Wasserleitung. Neben der Leitung führt ein schmaler Pfad die restlichen 700 m bis zum Eingang in den Barranco de las Vacas. Erneut wird an einem Abzweig die Straße gequert ❷. Noch immer ist der eigentliche *slot canyon* nicht zu sehen. Ein Pfad führt von der GC-550 hinunter in den Barranco. In der Talsohle, ca. 100 m nach dem Abzweig ❷, führt der Wanderweg S-40 links nach Temisas. Sie gehen aber weiter geradeaus. Über Stock und Stein folgen Sie einem abenteuerlichen Weg bis zur Unterführung der Straße. Hinter der Brücke beginnt der *slot canyon.* 150 m davon sind im Barranco de las Vacas sind gut begehbar ❸. Dann versperrt eine hohe Wand den weiteren Weg. Herabfallendes Wasser hat dieses wunderschöne Naturschauspiel geformt.

☺ Insbesondere morgens und abends fällt die Sonne in den Barranco und taucht das rötliche Gestein in zauberhaft warmes Licht.

Im hinteren Teil wurden Tritte in den Fels gehauen, die zu einem kleinen Vorsprung führen. Ob die Spuren im Gestein auf eine Nutzung von den Ureinwohnern zurückzuführen sind, ist schwer zu sagen. In jedem Fall liegt eine spürbar mystische Stimmung über diesem schönen Ort.

Ein großer Fels in der Mitte des Barranco ist sowohl bei den Canarios als auch bei Touristen ein beliebter Fotospot.

Der Rückweg nach Agüimes erfolgt auf der gleichen Strecke wie der Hinweg.

Alternativ können Sie dem Wanderweg S-40 am vorher erwähnten Abzweig weitere 5 km bergauf bis nach Temisas folgen. Die Busverbindung nach Agüimes ist mit der Linie 34 recht gut und Sie haben sich den Rückweg auf der bereits bekannten Route gespart.

Zurück in Agüimes können Sie sich in der Bar El Populacho bei einfacher kanarischer Küche stärken. Sie verlassen den Parkplatz in östlicher Richtung und gehen ca. 60 m durch die Callejón la Luz. Sie treffen direkt auf die Plaza del Rosario. Die Bar El Populacho befindet sich auf der linken Seite.

Im Barranco de las Vacas

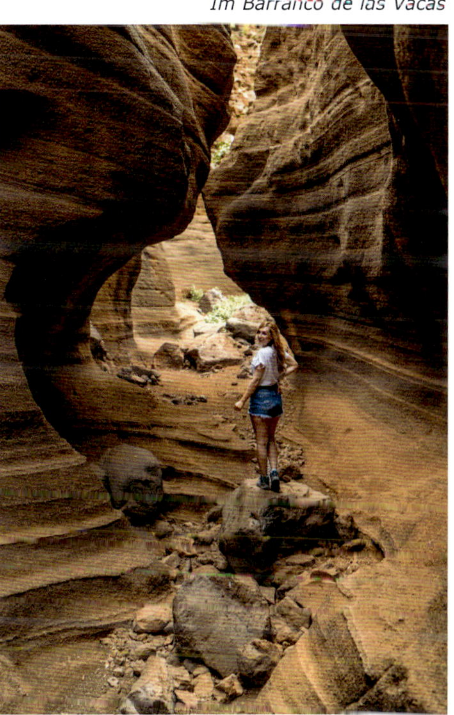

Bar El Populacho, Plaza del Rosario, 17, 35260 Agüimes, 00 34/928 78 45 14, So-Do 10:00-22:30, Fr, Sa 10:00-0:00, einfache kanarische Küche

23 Cuatro Puertas – Wanderung zu der Höhle mit den vier Türen

Wanderung für Kulturinteressierte, Naturliebhaber und Entdecker

Die Tour ist eine schöne Rundwanderung in zentraler Lage zwischen Telde und Ingenio unweit des Flughafens. Sie gibt Ihnen im ersten Teil auf einem ausgeschilderten Lehrpfad einen Einblick in das Gebiet der archäologischen Fundstätte „Cueva de Cuatro Puertas“. Der zweite Teil der Wanderung führt Sie vorbei an verlassenen Fincas und über ehemals landwirtschaftlich genutzte Terrassen hinab in den Barranco de Silva.

Start/Ziel: Parkplatz am Ende der Calle Guanche unterhalb der Cuatro Puertas, GPS N 27°57.527‘ W 015°25.213‘

7 km

2 Std. 20 Min.

335 m/335 m

205-391 m

In der archäologischen Stätte ist der Weg als Lehrpfad beschildert. Im weiteren Verlauf ist die Tour unbeschildert.

Im Bereich der Cuatro Puertas verläuft die Tour auf einem Wanderpfad. Der Aufstieg zum höchsten Punkt des Weges und der Weg im Barranco de Silva sind Wanderwege. Den Abstieg in den Barranco legen Sie auf einem Wanderpfad bzw. teils weglos zurück. Auf dem letzten Kilometer der Tour wandern Sie entlang der Straße. Unterwegs gibt es kaum Schatten. Rund um die Höhle „Cueva de los Pilares“ gibt es kaum Sicherheitsvorkehrungen.

Einkehrmöglichkeiten gibt es entlang der Strecke keine. 3 km vom Startpunkt entfernt befindet sich das gemütliche Restaurant Pizzeria Yazul in Jerez (Carr. Jerez Las Huesas, 6, 35200 Telde. ☎ 00 34/928 69 12 43, Do 19:30-0:00, Fr-So 13:00-16:00 u. 19:30-0:00).

Entlang der Strecke gibt es keine ausgewiesenen Rastplätze. Sowohl bei der Cueva Cuatro Puertas (zwischen km 0,25 und km 1) als auch im Barranco (km 5) bieten sich Felsen am Wegesrand als Sitzmöglichkeit an.

Die Rundtour ist gut für Kinder geeignet. Die Höhlen am heiligen Berg sind ein regelrechter Abenteuerspielplatz für Kinder. Auch der Abstieg in den Barranco ist recht abenteuerlich und macht Spaß. Lassen Sie Ihre Kinder rund um die Höhle „Cueva de los Pilares“ nicht unbeaufsichtigt.

Die Tour ist für Hunde geeignet. Obwohl es überwiegend durch spärlich besiedeltes Gebiet geht, sind aber immer wieder einzelne Fincas im näheren Umkreis. Sie sollten Ihren Vierbeiner daher überwiegend an der Leine führen.

Haltestelle „Cuatro Puertas", Linie 35 (Telde – Agüimes) (am Weg bei km 1,6 und 6,7), Haltestelle „Cruce Cuatro Puertas", Linien 19, 35, 36 (am Weg bei km 6,2). Die Busse verkehren stündlich.

Am Ende der Calle Guanche befindet sich ein kleiner Parkplatz.

Packen Sie ausreichend Wasser, Proviant und Sonnenschutz ein.

Ausgangspunkt der Wanderung ist ein kleiner Parkplatz am Ende der Calle Guanche oberhalb des kleinen Ortes Cuatro Puertas. Sowohl mit dem Auto als auch mit dem Bus ist die Tour sehr gut erreichbar. Vom Flughafen Gran Canarias erreichen Sie den Startpunkt in einer knappen Viertelstunde. Trotz der zentralen Lage und der hohen kulturellen Bedeutung der Cueva de Cuatro Puertas verirren sich aber nur wenige Touristen an diesen Ort.

Vom Parkplatz folgen Sie dem Wanderweg hinauf zu einer schönen Finca. Unmittelbar hinter dem liebevoll angelegten Haus beginnt die archäologische Stätte Cueva de Cuatro Puertas. Der Eingang der Cuatro Puertas ist durch ein Hinweisschild gekennzeichnet. Biegen Sie im Anschluss rechts ab und folgen Sie den Stufen hinauf zur Haupthöhle ❶. Die Höhle mit den vier Eingängen hat der Kultstätte ihren Namen verliehen.

Der heilige Berg Bermeja

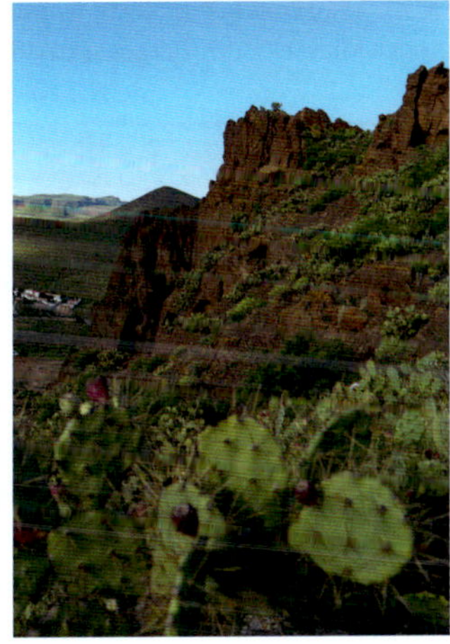

⌘ Der heilige Berg Bermeja und seine Höhlen

Auch wenn die Kultur der kanarischen Ureinwohner noch immer in vielen Bereichen große Rätsel aufwirft, haben die sogenannten Altkanarier überall auf der Insel ihre Spuren hinterlassen. Eine der bekanntesten Kultstätten der früheren Inselbewohner ist der heilige Berg Bermeja. Mit relativ einfachen Mitteln konnten die Ureinwohner den lockeren Tuffstein an den Hängen des Berges bearbeiten. Sie haben verschiedene Höhlen in den Berg getrieben, die noch heute zugänglich sind.

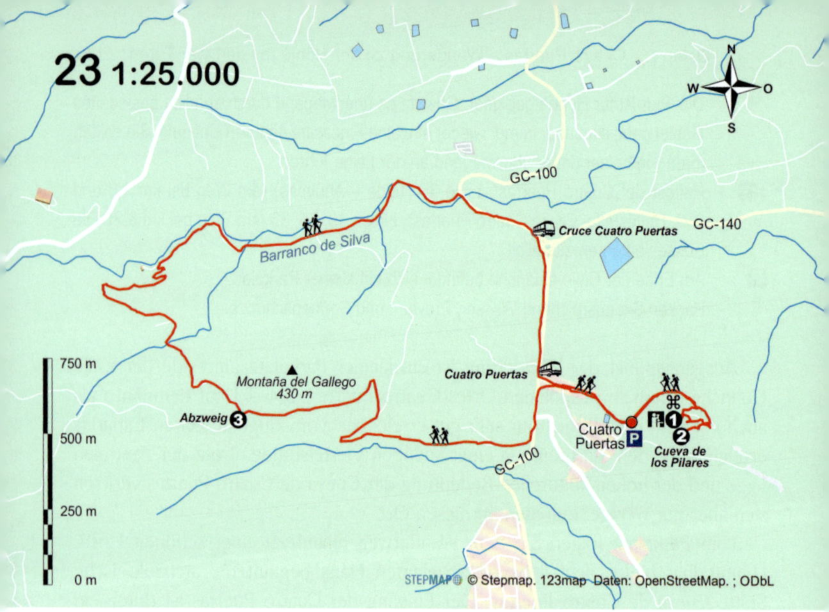

23 1:25.000

N
W
O
S
GC-100
GC-140
Cruce Cuatro Puertas
Barranco de Silva
Cuatro Puertas
Montaña del Gallego
430 m
Abzweig 3
Cuatro Puertas
1
2
Cueva de los Pilares
GC-100
750 m
500 m
250 m
0 m
STEPMAP © Stepmap. 123map Daten: OpenStreetMap. ; ODbL

Die bekannteste ist die Cueva de Cuatro Puertas, die Höhle mit den vier Türen. Wissenschaftler sind sich über die genaue Nutzung der Höhlen nicht komplett sicher. Die Haupthöhle diente wohl zeremoniellen Zwecken, während die Höhlen an der Rückseite des Berges als Wohnraum und Kornspeicher genutzt wurden.

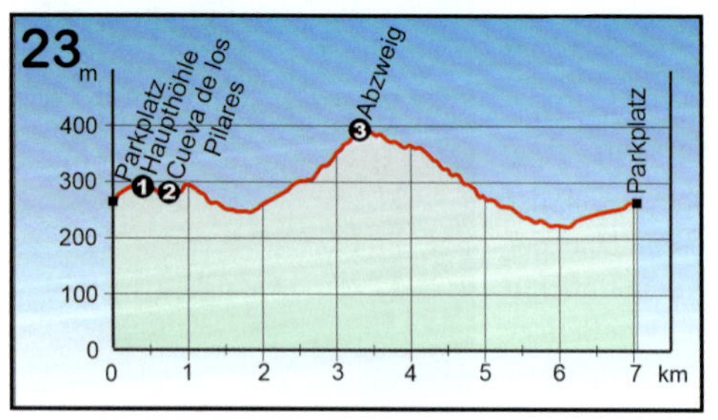

Der kurze Rundweg auf dem Gebiet der Cuatro Puertas ist gut ausgeschildert. Links neben den Türen führt der Pfad weiter auf das Dach der Höhle. Hier befindet sich der Almogarén, ein früherer Opferplatz.

An dieser Stelle haben Sie einen perfekten Ausblick auf die Ostküste der Insel mit dem Flughafen.

Am Grat entlang führt der Weg 100 m weiter bis zu einem seilbespannten Zaun, dem Sie nach rechts folgen. Die Rückseite des heiligen Bergs ist von zahlreichen kleineren Höhlen durchzogen. Die beiden Höhlen Cueva de los Papeles und Cueva de los Pilares ❷ sind zu Fuß zugänglich und bieten nicht nur für Kinder einiges zu entdecken.

☺ An sehr vielen kulturellen Orten auf Gran Canaria finden sich mittlerweile auch Beschreibungen in deutscher Sprache – so auch auf den Informationstafeln bei der Fundstätte Cueva de Cuatro Puertas.

Von der Cueva de los Pilares folgen Sie der Beschilderung wieder zurück zum Eingang der Anlage. Im Anschluss an die Besichtigung der Kultstätte lassen Sie den Parkplatz links liegen und durchqueren den Ort Cuatro Puertas auf der Calle Guanche. Folgen Sie dann der Landstraße für 200 m nach links. Nun führt die Wanderung nach rechts auf einen Wanderweg. Links und rechts des Weges wachsen Kakteen. Oft schmücken rote oder lila Kaktusfeigen die oberen Teile der stacheligen Pflanzen. Grundsätzlich sind diese essbar und schmackhaft.

In einer der Cueva de los Pilares

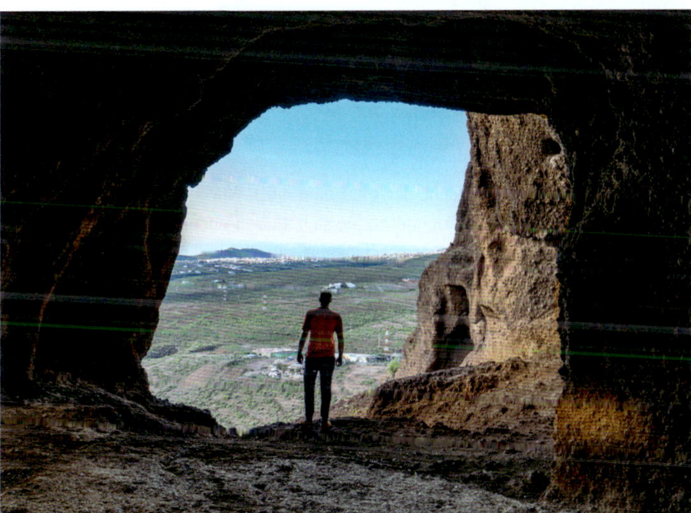

Wenn Sie eine Kaktusfeige probieren möchten, sollten Sie jedoch lieber auf einem der Märkte oder in einem Obstgeschäft zugreifen. Die bunten Früchte sind sehr stachlig und kaum ohne Handschuhe zu pflücken.

Der Weg führt zu einer weißen Finca. Einige Meter weiter, bei km 2,7, gabelt sich der Weg und Sie wandern nach links. In Serpentinen führt der Weg weiter hinauf auf einen Höhenzug mit herrlichem Ausblick auf die Ostküste der Insel.

Unmittelbar vor den Strommasten, am höchsten Punkt des Weges ❸, biegen Sie nach rechts ab. Auf dem folgenden Kilometer ist die Wegführung nur schwach erkennbar. Auch wenn meist ein alter Pfad vorhanden ist, erleichtert Ihnen ein Smartphone mit dem entsprechenden GPS-Track die Navigation enorm. Folgen Sie dem eingewachsenen Weg bis zu einer verlassenen Finca. Der Weg führt rechts am Haus vorbei und geht in einen verwachsenen Pfad über. Nach 300 m macht der Pfad eine 180°-Kurve. Ab der Kurve gehen Sie ca. 230 m geradeaus. Orientieren Sie sich an den ehemaligen Terrassen einer alten Plantage. Ihr Ziel ist eine weiße Finca im unteren Teil des Barranco de Silva. Die letzten 200 m führen Sie in Serpentinen hinab bis zur Finca. Auf einer Strecke von 1,5 km führt Sie der Wanderweg durch die schöne Schlucht. Sie passieren zwei bewohnte Fincas und sollten sich nicht von den zahlreichen Wachhunden abschrecken lassen. Im unteren Teil des Barranco haben Sie die Zivilisation wieder erreicht. Folgen Sie der Landstraße nach rechts bis zum Kreisel und hier nach rechts noch 400 m weiter bis zum Abzweig nach Cuatro Puertas. Auf der Calle Guanche durchqueren Sie den Ort und erreichen den Ausgangspunkt am Parkplatz.

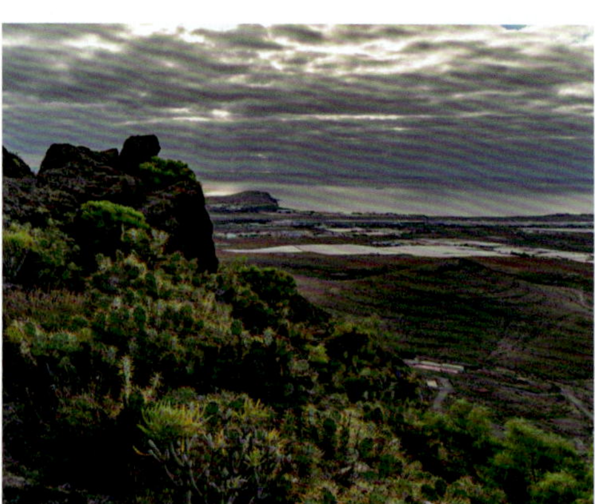

Ausblick von den Cuatro Puertas auf den Flughafen und die Ostküste

24 Barranco de los Cernícalos – Zu den Wasserfällen in der Falkenschlucht

Wanderung für Naturliebhaber und Abenteurer

Auf der Tour machen Sie eine abwechslungsreiche Wanderung durch den wildromantischen Barranco de los Cernícalos. Im Barranco fließt ganzjährig Wasser. Neben einigen Wasserfällen gibt es am Wegesrand dichte und abwechslungsreiche Vegetation zu bewundern. Im hinteren Teil erwartet Sie eine kleine Kraxelei, die mit dem Anblick von zwei wunderschönen Wasserfallen belohnt wird.

⇆ Start/Ziel: am Picknickplatz Merenderos Barranco de los Cernícalos, GPS N 27°58.796‘ W 015°28.427‘

7,7 km

2 Std. 45 Min.

↑↓ 356 m/356 m

⇧ 460-815 m

Grundsätzlich ist der Pfad durch den Barranco ein ausgeschilderter Wanderweg. Da der Barranco ganzjährig Wasser führt, ändert sich der Verlauf des Weges im oberen Bereich aber recht häufig um einige Meter.

Dichte Vegetation am Beginn der Tour

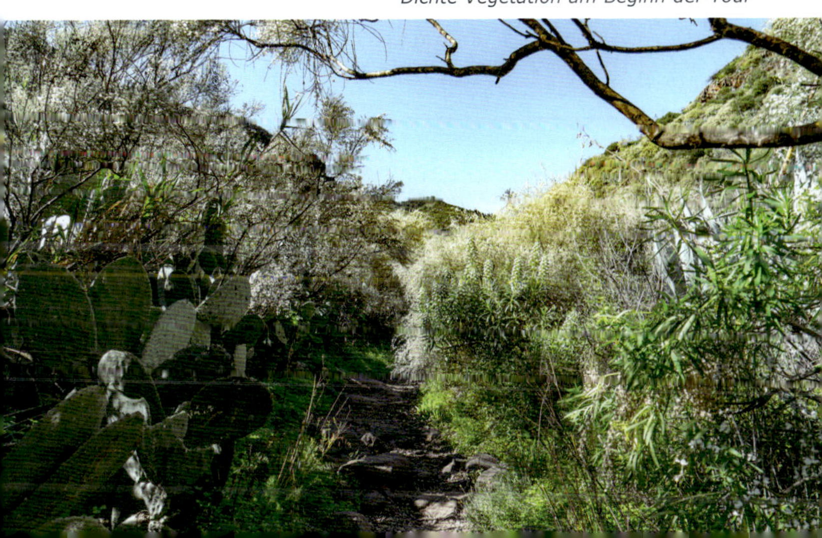

Am Anfang und Ende wandern Sie 300 m auf einer Ortsstraße. Anschließend verläuft die Route komplett auf Wanderpfaden. Gegen Ende gibt es einige steile Passagen auf felsigem Untergrund.

Entlang der Strecke gibt es keine Einkehrmöglichkeiten.

Am Start der Wanderung befindet sich ein Picknickplatz mit einigen Bänken und Tischen. Unterwegs gibt es keine Rastplätze. Eine kleine Lichtung (km 5) bietet mit großen Steinen schöne Sitzgelegenheiten.

Die Tour ist für Kinder gut geeignet. Der Weg führt am Wasser entlang und mit den Wasserfällen gibt es einiges zu entdecken. Einige ausgesetzte Wegpassagen erfordern auch von Kindern eine gewisse Trittsicherheit.

Die Tour ist für Hunde gut geeignet. Wasser und wilde Natur gibt es unterwegs mehr als genug.

Die Tour ist mit Bussen nicht erreichbar.

P Parkmöglichkeiten entlang der Straße am Picknickplatz am Start und Ziel.

Am Ausgangspunkt der Tour befindet sich ein kleiner Picknickplatz. Insbesondere an den Wochenenden sind diese Plätze, die sich überall auf der Insel finden, bei den Canarios sehr beliebt. Folgen Sie der Straße vom Parkplatz aus nach Südwesten. Nach den ersten 300 m auf einer asphaltierten Straße beginnt der Wanderweg. Ein Wegweiser mit der Aufschrift „Cascadas 3,1 km“ weißt am Beginn des Wanderweges die richtige Route.

Die Wanderung durch den Barranco de los Cernícalos führt Sie in das Naturschutzgebiet Reserva Natural Especial Los Marteles.

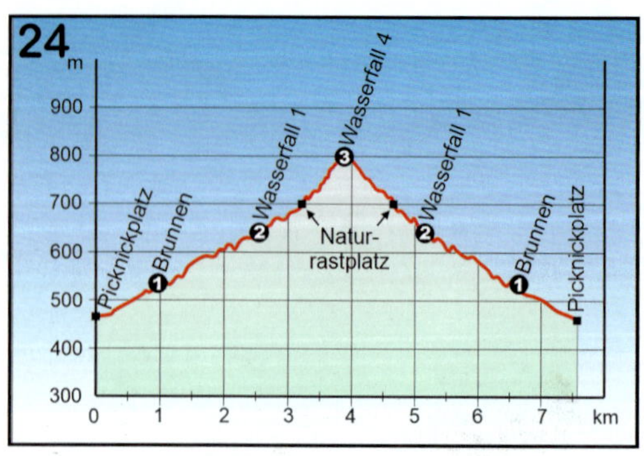

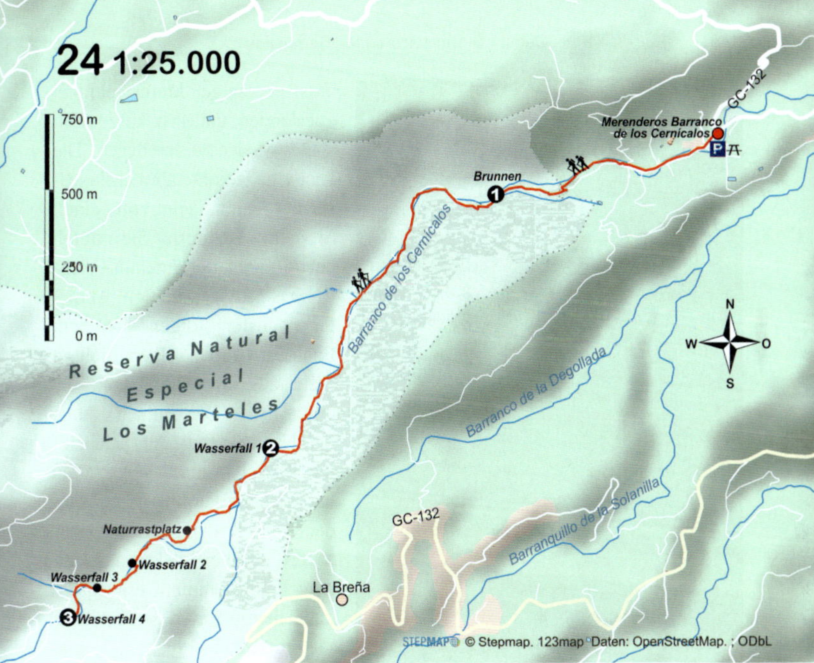

Bereits die ersten Meter des Wanderpfads führen Sie in eine einmalige Natur. Durch hohe Vegetation aus Kakteen, Schilf und vielen Wolfsmilchgewächsen führt Sie der Pfad rund 200 m, bis Sie nach rechts auf einen Forstweg abbiegen. Nach weiteren 300 m stehen Sie vor einem großen Gestell aus Stahlbeton. Es gehörte einmal zu einem alten Brunnen ❶, der von der landwirtschaftlichen Nutzung des Wassers aus dem Barranco zeugt. Das Wasser des Barranco wird durch ein ausgetüftelte s System von Kanälen für die umliegende Landwirtschaft nutzbar gemacht. Sie durchqueren den Bogen des Gestells und betreten die Wildnis des Barranco. Auf der schmalen Mauer eines Wasserkanals laufen Sie einige Meter, bevor Sie auf einen gut ausgetretenen Wanderpfad kommen.

Entlang der Mauer ist Vorsicht geboten. Auf der rechten Seite fällt sie ca. 2 m steil ab.

Der Weg durch den Barranco folgt immer dem Bachlauf. Im unteren Teil können Sie sich kaum verlaufen. Teilweise führen Wege auch auf verschiedenen

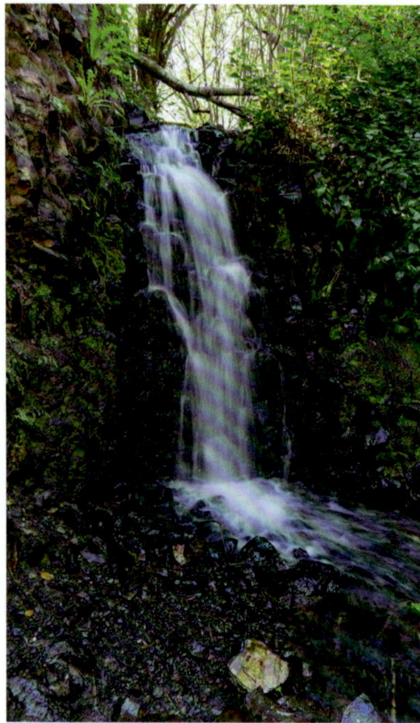

Wasserfall Nr.1

Trassen einige Meter parallel zueinander, um sich kurze Zeit später wieder zu vereinigen. Die Landschaft könnte abwechslungsreicher nicht sein. Im einen Moment wandern Sie durch einen Tunnel, der durch das dichte Schilf freigeschnitten wurde, im nächsten folgen Sie dem Bachlauf durch einen lichten Wald aus alten Ölbäumen. Es duftet nach Wildblumen. Auch der Namensgeber der Schlucht, der Falke (= *cernúcalo*), ist hin und wieder zu hören. Immer wieder wechselt der Pfad die Bachseite. Einfache Brücken aus kleinen Baumstämmen erleichtern das Überqueren des Bächleins. Viel zu schnell vergehen die ersten 2,5 km der Wanderung und Sie haben den ersten Wasserfall erreicht ❷. Etwas rechts des Weges stürzt sich das kühle Nass ein paar Meter hinab.

Die Menge des Wassers im Barranco und somit auch die Anzahl der Wasserfälle können je nach Regen stark variieren. Insbesondere direkt nach Regentagen ist es im Barranco sehr feucht.

Ab dem ersten Wasserfall wird das Terrain stetig steiler. Der Barranco verengt sich an dieser Stelle taleinwärts. Auch wenn der Pfad noch immer gut zu gehen ist, wird es anstrengender. Rund 500 m nach dem ersten Wasserfall kommt eine kurze Wegpassage, in der der Pfad an der rechten Barranco-Seite verläuft. Während sich auf der einen Seite des Wanderweges die steilen Felswände erheben, plätschert auf der anderen Seite besinnlich der kleine Bach. Links geht es einige Meter tief runter. Oberhalb dieses Wegstücks öffnet sich der Barranco etwas zu einem kleinen Plateau. Hier ist ein natürlicher Rastplatz angelegt – ohne Bänke und Tische, aber mit vielen großen Steinen, die sich perfekt zum Rasten eignen. Weitere 300 m später erreichen Sie den zweiten Wasserfall. Genauer gesagt besteht dieser sogar aus zwei aufeinanderfolgenden kleinen Wasserfällen.

Sofern Sie keine Wanderschuhe dabeihaben oder nicht trittsicher sind, sollten Sie die Wanderung an diesem Punkt beenden. Im weiteren Verlauf wird die Tour deutlich anspruchsvoller und aufgrund der Feuchtigkeit auch weniger vorhersehbar.

Links des Wasserfalls führt der Wanderpfad einen kurzen Steilhang hinauf. Der Weg ist nun schwieriger zu erkennen.

☺ Spätestens ab dem zweiten Wasserfall ist es sehr nützlich den GPS-Track auf dem Smartphone oder GPS-Gerät zu nutzen.

Ca. 300 m oberhalb des zweiten Wasserfalls stehen Sie vor einer schmalen Schlucht rechts des Weges. Der Eingang ist eine enge, ca. 1,5 m breite Felsspalte. In der Mitte steht eine Palme. Wenn der Wasserstand es zulässt, können Sie an der rechten Hangseite die Schlucht betreten und einige Meter weit dem Bachlauf folgen. Der Barranco ist an dieser Stelle sehr eng. Nach einer Biegung stehen Sie unmittelbar vor einem dritten Wasserfall. Die letzten Meter durch die Schlucht müssen Sie wieder zurück, bevor Sie der eigentliche Weg am Abzweig rechts hinaufführt.

Wenn Sie nicht zum dritten Wasserfall wollen oder es der Wasserstand nicht zulässt, halten Sie sich am Abzweig links.

Nach einigen Metern geradeaus macht der Weg einen Knick nach links. Es gilt eine erste und kurz darauf eine zweite Steilstufe in leichter Kletterei zu überwinden. Schwierig wird die Kraxelei überwiegend durch den feuchten Steinuntergrund, da die Route hier unmittelbar am Wasserlauf entlangführt. Oberhalb der letzten Steilstufe ist kein Weg mehr zu erkennen; nur mehr der Bach führt Sie die letzten Meter zum vierten und letzten Wasserfall des Barranco de los Cernícalos ❸. Majestätisch stürzt er sich in den engen Canyon. Von hier führt kein Wanderweg weiter aus der Schlucht heraus. Daher erfolgt der Rückweg auf dem gleichen Weg wie der Hinweg und Sie können noch einmal alle Wasserfälle erkunden und die einmalige Natur des Barranco genießen.

25 Mandelbäume und Wohnhöhlen im Barranco de Guayadeque

Für Naturliebhaber und Kulturinteressierte

Im Südosten Gran Canarias befindet sich der weitläufige Barranco de Guayadeque. Auf dieser Tour durchqueren Sie die Schlucht und wandern zwischen verlassenen Höhlenwohnungen und alten Mandelbaumplantagen. Zum Abschluss können Sie sich stilecht in einem Höhlenrestaurant stärken.

Start/Ziel: Montaña de Las Tierras, GPS N 27°56.225' W 015°30.726'

16,9 km

6 Std. 30 Min.

888 m/888 m

981-1.749 m

Die Wanderung als solche ist nicht ausgeschildert. Anfangs folgen Sie zunächst den Wegen S-37 und S-42. Vereinzelt folgen Sie Wegweisern.

Das erste und letzte Wegdrittel verlaufen auf Wanderpfaden. Im Mittelteil folgen Sie überwiegend einer staubigen Forststraße.

Einkehrmöglichkeiten gibt es nur an Start und Ziel in Montaña de Las Tierras.

Entlang der Strecke gibt es keine ausgewiesenen Rastplätze. Sowohl an dem Cruz del Soccoro (km 6,7) als auch an der Ruine im Barranco (km 14) können Sie Mauern zum Sitzen nutzen.

Aufgrund der Länge ist die Tour für kleine Kinder weniger gut geeignet. Für ältere und wandererfahrene Kinder ist die Tour aber geeignet.

Die Tour ist für Hunde gut geeignet, sofern Ihr Vierbeiner über die nötige Fitness verfügt.

Bushaltestelle „Montaña Las Tierras", Linie 27. De facto ist der Bus unbrauchbar für Wanderer, da es lediglich montags und mittwochs eine Verbindung in jeder Richtung gibt. Theoretisch können Sie aber ab Agüimes oder Ingenio ein Taxi nehmen. Beide Orte werden regelmäßig und von verschiedenen Buslinien angefahren.

Radio Taxi Villa de Agüimes, Avenida Hermanos La Salle 36, 35260 Agüimes, ☎ 00 34/928 78 77 26, info@taxivilladeaguimes.com, www.taxivilladeaguimes.com

P Mit dem Auto ist Montaña Las Tierras gut zu erreichen. Kostenfreie Parkplätze finden Sie entlang der Straße am Ausgangspunkt der Wanderung.

Packen Sie ausreichend Wasser, Proviant und Sonnenschutz ein.

Die Wanderung beginnt oberhalb der Häuser der kleinen Siedlung Montaña Las Tierras. An einem Wegweiser folgen Sie dem gepflasterten Pfad den Hang hinauf. Anfangs wandern Sie auf der Route S-37 in Richtung Caldera los Marteles und Pico de las Nieves.

Auch wenn es beim Anblick des ruhigen Tals heute kaum denkbar ist, aber der Barranco de Guayadeque war in der prähispanischen Zeit ein beliebter Siedlungsort. Damals lief wohl dauerhaft ein Bach durch den Barranco. Insbesondere im oberen Teil befinden sich breite Flächen, die sich zum Anbau landwirtschaftlicher Produkte anboten. Noch heute sind zahlreiche Wohnhöhlen in den Hängen der Schlucht sichtbar. Weitere Informationen zum früheren Leben im Barranco finden Sie im Besucherzentrum weiter unten im Tal.

i Centro de Interpretación de Guayadeque, GC-103, GPS N 27°55.412' W 015°27.628', Di-So 9:00-17:00, Eintritt: Erwachsene € 3, Kinder € 2,50

Höhlenhäuser im Barranco de Guayadeque

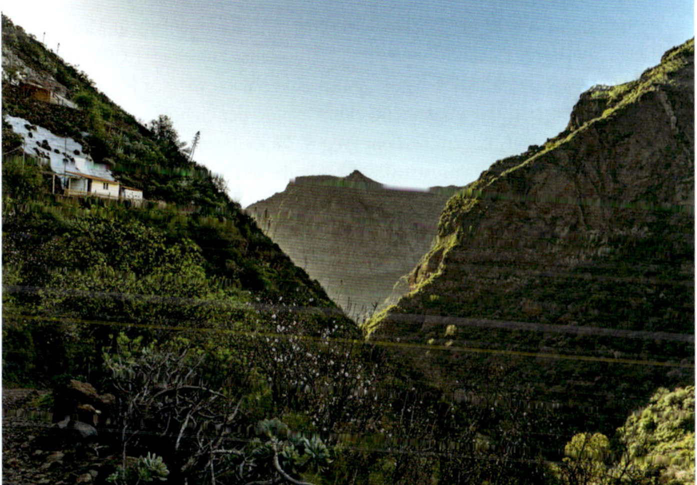

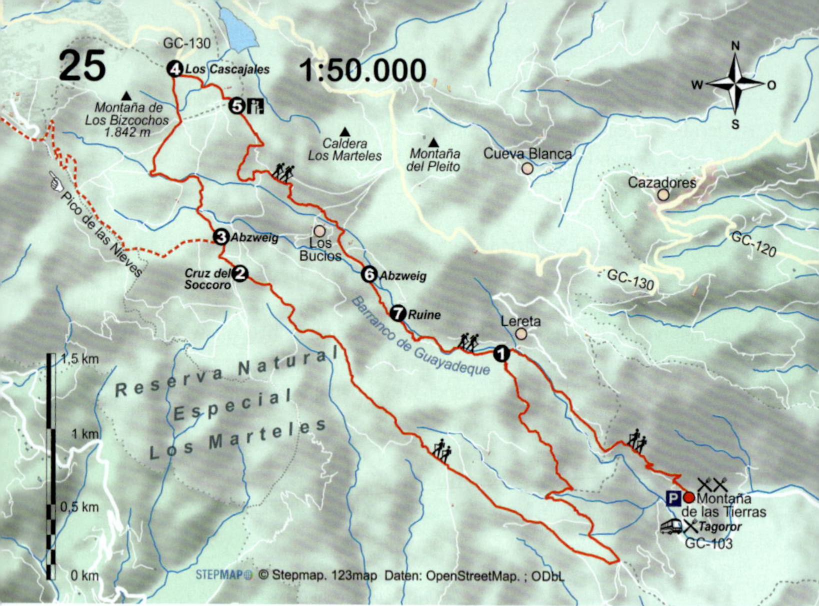

Sie treffen nach 100 m auf einen Schotterweg, der ebenfalls in Montaña de Las Tierras gestartet ist, und folgen ihm nach rechts. Für rund 1,8 km wandern Sie auf dem Weg die Schlucht hinauf. Auch einige nach wie vor bewohnte Höhlenhäuser finden sich am Wegesrand. Kurz bevor der Schotterweg eine Kehre nach rechts einschlägt, folgen Sie dem Weg S-37 weiter nach links. Nach 200 m gabelt sich der Weg an einem Abzweig ❶. Da die Wanderung durch den Barranco eine Rundtour ist, könnten Sie nun in beide Richtungen gehen. Im Aufstieg ist es jedoch angenehmer, etwas Schatten zu haben, daher empfiehlt sich der Weg nach links. Sie folgen der Beschilderung „Vueltas de Adeje Santa Lucia S-42".

Der Pfad schlängelt sich den Hang des Barranco hinauf. Nach links haben Sie während des gesamten Aufstiegs einen tollen Blick hinab in die grüne Schlucht. 1,3 km hinter dem Abzweig erreichen Sie eine erste Spitzkehre und 200 m weiter biegen Sie nach links ab. Nach 800 m gelangen Sie an eine weitere Spitzkehre. Ab hier gerät der untere Teil des Barranco vorerst aus dem Blickfeld. Ein Wegweiser leitet Sie bergauf in Richtung Los Cascajales und es geht nun hinauf auf die weitläufige Fläche im oberen Teil der Guayadeque-Schlucht. Die weite Hochfläche zieht sich bis hinüber zum Pico de las Nieves. Die Vegetation ist in diesem Bereich nur sehr karg und bodennah. Nach 1,2 km erreichen Sie die unscheinbare

Kreuzung Lomo Guaniles. Sie folgen dem Weg S-42 noch weitere 2,4 km bis zum Cruz del Soccoro. Auf diesem Wegabschnitt wandern Sie durch lichten Kiefernwald. Hier und da mischen sich auch Mandelbäume unter die Kiefern. Sie zeugen von der früheren Bewirtschaftung des Barranco. Einen Abzweig nach Taida und Santa Lucia lassen Sie links liegen und wandern weiter geradeaus zum Cruz del Soccoro ❷. Das kleine Kreuz ist eine unspektakuläre Landmarke auf der linken Seite.

↳ 400 m vom Kreuz entfernt kommen Sie an einen Abzweig ❸, wo Sie auf den Weg zum Pico de las Nieves abbiegen könnten. Wenn Sie gut zu Fuß sind und Sie der Gipfel reizt, biegen Sie links ab. Der Abstecher schlägt mit 4,1 km pro einfache Strecke zu Buche. Zusätzlich gilt es, 320 Hm zu erklimmen. Die Gesamtlänge der Tour erweitert sich mit dem Abstecher auf ca. 25 km. Rein landschaftlich wird die Tour durch den Ausflug zum Pico de las Nieves nicht bereichert, da sich das Terrain nicht ändert.

Der Pico de las Nieves ist, im Gegensatz zur landläufigen Meinung, nicht der höchste Berg Gran Canarias. Mit 1.949 m ist er wenige Meter niedriger als der benachbarte Morro de la Agujereada, der 1.956 m hoch ist.

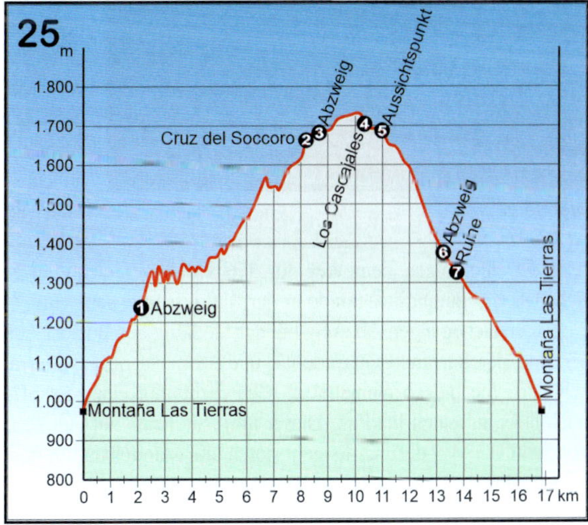

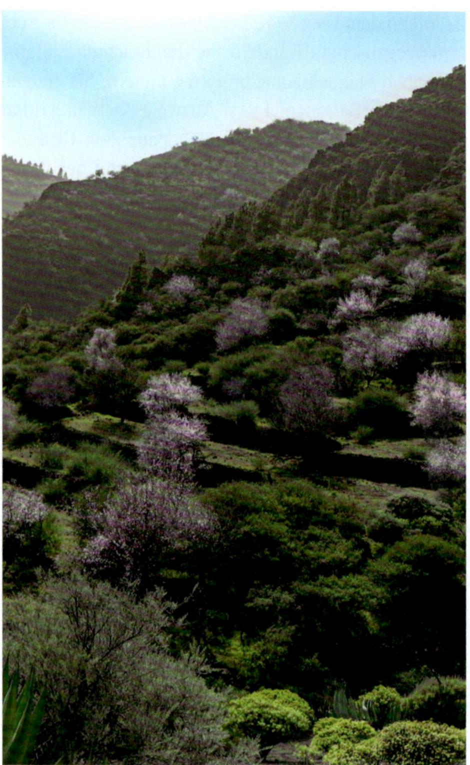

Mandelbäume

Sie folgen geradeaus dem staubigen Weg für weitere 1,8 km, bis Sie bei Los Cascajales fast auf eine Kehre der GC-130 treffen ❹. Sie biegen direkt davor nach rechts in einen Weg ab, der mit einem Seil gegen die Einfahrt von Autos versperrt ist. Das Gelände wird nun allmählich wieder abwechslungsreicher. Bei Los Cascajales haben Sie den höchsten Punkt der Wanderung erreicht. Nun wandern Sie wieder hinab in den Barranco. Sie kommen an einem alten Bauernhof vorbei, der durch eine Trockensteinmauer vom Weg abgeschottet wird. 600 m nach dem Abzweig gelangen Sie an einen Aussichtspunkt über dem Vulkankrater Caldera los Marteles ❺. Sie folgen dem Weg für 1,6 km durch dichteren Kiefernwald. Der Schatten der Bäume tut gerade in der Mittagssonne sehr gut.

Sie erreichen einen Abzweig bei der Siedlung Los Bucios. Auf einem Wegweiser sind der Barranco Guayadeque und Montaña de Las Tierras bereits ausgeschildert. Sie biegen einmal kurz nach rechts auf einen Schotterweg und dann nach links auf einen Pfad ab. Dieser führt Sie hinab auf den schönsten Streckenabschnitt der Wanderung. Es geht durch alte Mandelbaumbestände. Insbesondere zu Jahresbeginn, wenn die Bäume ihre Blüten tragen, ist der Anblick ein Genuss. Nach 250 m biegen Sie rechts ab. Knapp 130 m weiter gelangen Sie auf einen breiteren Weg, dem Sie nach links folgen. Schon nach wenigen Metern auf dem Weg gehen Sie in der Kurve des Weges an einem Abzweig geradeaus weiter.

250 m unterhalb des Abzweigs wechselt der Pfad die Hangseite durch das trockene Bachbett von links nach rechts ❻. Auf der linken Seite führt zwar auch ein Weg mit Reifenspuren weiter nach links, Sie müssen jedoch dem Pfad nach rechts folgen

400 m nachdem Sie die Bachseite gewechselt haben, erreichen Sie die Ruine eines alten Bauernhauses ❼. Hier können Sie sich getrost ein wenig umschauen oder auf der Mauer, umgeben von herrlicher Natur, eine Pause einlegen. An der Ruine biegen Sie rechts ab. 1 km später verlassen Sie das Dickicht des Barranco und treffen auf den Abzweig ❶, an dem Sie vor einigen Stunden nach links abgebogen sind. Der Kreis schließt sich und Sie wandern auf dem bereits bekannten Weg zurück zum Ausgangspunkt nach Montaña de Las Tierras. Nach der Wanderung empfiehlt sich die Einkehr, stilecht, in einem der drei Höhlenrestaurants in Montaña de Las Tierras.

Unmittelbar am Ausgangspunkt der Tour befinden sich zwei ✕ Restaurants, das Restaurante Grill La Era und das Restaurante Vega.

✕ Restaurante Grill La Era, Lugar Mña de las Tierras 26, 35259 El Ingenio, ☏ 00 34/928 09 24 85, 11:00-18:00

✕ Restaurante Vega, Montaña de las Tierras 18, 35260 Ingenio, ☏ 00 34/928 17 20 65, www.restaurantevega.es, Di Do, So 10:00-19:00, Fr, Sa 10:00 0:30

Im ✕ Restaurante Tagoror bekommen Sie den typisch kanarischen Gemüseeintopf Potaje oder auch Runzelkartoffeln (*papas arugadas*) mit Mojo. Vom Ausgangspunkt der Tour folgen Sie der Straße 200 m in südliche Richtung. Sie biegen links ab und erreichen auf der linken Seite das Restaurant, das sich wie die beiden anderen Restaurants in einer ehemaligen Wohnhöhle befindet.

✕ Bar-Restaurante Tagoror, GC-103, 21, 35260 Ingenio, ☏ 00 34/928 17 20 13, info@restaurantetagoror.com, www.restaurantetagoror.com, Fr, Sa 10:00-02:00, So-Do, 10:00-01:00, eher günstige Preise

26 Mühlen- und Stausee-Tour bei Santa Lucía de Tirajana

Wanderung für Naturliebhaber und Ruhesuchende

Die ruhige Bergregion rund um Santa Lucía de Tirajana ist prädestiniert für das Wandern. Auf dieser Wanderung können Sie einige Highlights rund um das schöne Bergdorf entdecken. Auf dem ersten Streckenabschnitt erkunden Sie das verlassene Mühlental oberhalb von Santa Lucía de Tirajana. Im zweiten Teil führt Sie der Weg um den Stausee von Tirajana und durch den unwegsamen Barranco de Tirajana unterhalb von El Ingenio.

Start/Ziel: Parkplatz an der Calle Buenavista in Santa Lucía de Tirajana, GPS N 27°54.508‘ W 015°32.391‘

16,3 km

5 Std. 30 Min.

663 m/663 m

356-819 m

Die ersten 4 km sind als Mühlenroute (Ruta de los Molinos) ausgeschildert. Im weiteren Verlauf gibt es keine einheitliche Beschilderung.

Am Anfang und Ende rund um Santa Lucía de Tirajana gibt es viel asphaltierten Untergrund. Die Mühlenroute verläuft bis El Mundillo auf wenig befahrenen Straßen. Ab El Mundillo folgen Sie einem Wanderpfad und vom Stadtrand bis zum Mirador de la Sorrueda ebenfalls. Der Streckenabschnitt vom Stausee bis El Sitio de Arriba verläuft auf einer geschotterten Straße. Im Barranco unterhalb von El Ingenio dominiert steiniger Untergrund auf einem Wanderpfad. Unterwegs gibt es kaum Schatten.

Einkehrmöglichkeiten nur in Santa Lucía de Tirajana. Am Weg liegt das Restaurant La Caldera De Tirajana (km 0,4 und 3,6).

Entlang der Strecke gibt es keine ausgewiesenen Rastplätze. Sowohl in Santa Lucía (km 4) als auch an der Staumauer (km 8,7) bieten sich Bänke oder Steinmauern als Sitzmöglichkeit an.

Aufgrund der Länge und des Anspruchs der Tour ist sie für Kinder weniger gut geeignet. Für ältere und wandererfahrene Kinder ist die Tour aber geeignet.

Die Tour ist für Hunde gut geeignet. Weitläufige Flächen bieten sich zum Austoben an.

Bushaltestelle „La Plaza“, Linie 34 (Doctoral – San Bartolomé de Tirajana). Für den Hinweg sollten Sie früh unterwegs sein, da zwischen 8:00 und 12:00 keine Busse verkehren. Nachmittags gibt es lediglich zwei Abfahrtzeiten, die für den Rückweg in Frage kommen (die letzte um 18:00). Von der Haltestelle folgen Sie der Straße für 40 m in nördlicher Richtung, bis Sie unweit vom Start der Tour auf die Strecke treffen.

P Kostenfreie Parkmöglichkeiten finden Sie u. a. in der Calle Buenavista am Start der Wanderung.

Packen Sie ausreichend Wasser, Proviant und Sonnenschutz ein.

Der erste Teil der Wanderung führt Sie vom Ortszentrum in Santa Lucía de Tirajana hinauf in den beschaulichen Ortsteil El Mundillo. Vom Parkplatz in der Calle Buenavista gehen Sie rund 50 m bis zur Hauptstraße Calle Tomás Arroyo Cardoso. Sie folgen der Straße nach links durch den Ort. Nach rund 350 m erreichen Sie auf der linken Straßenseite das Restaurant La Caldera De Tirajana.

La Caldera De Tirajana, Calle Tomás Arroyo Cardoso 49, 35280 Santa Lucía de Tirajana, 00 34/627 32 38 62, Mo-Fr 7:00-23:00, Sa u. So 7:00-0:00. Einfache kanarische Küche.

Blumenpracht in El Mundillo

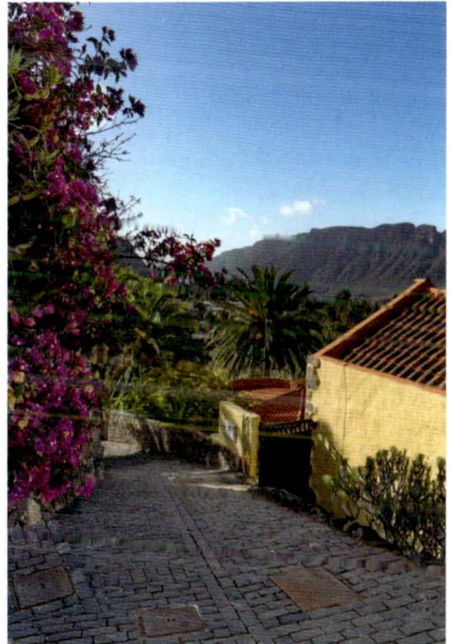

Nach weiteren 120 m entlang der Straße biegen Sie nach rechts auf den Dorfplatz von Santa Lucia de Tirajana ab. Unterhalb der Kirche queren Sie den Dorfplatz nach rechts ❶ und folgen den Schildern in Richtung El Mundillo. Teils verwilderte Gärten mit Zitronen-, Orangen- und Ölbäumen säumen die Ränder des Schotterwegs. Dieser Teil der Wanderung ist vom Tourismusverein ausgeschildert und trägt den Namen Mühlenroute (Ruta de los Molinos). Der Aufstieg ist teils recht steil, wird aber dennoch von den Bewohnern El Mundillos problemlos mit Autos befahren. Die Häuschen von El Mundillo schmücken sich mit farbenfroher Blütenpracht. Lassen Sie sich nicht zu sehr von den schönen

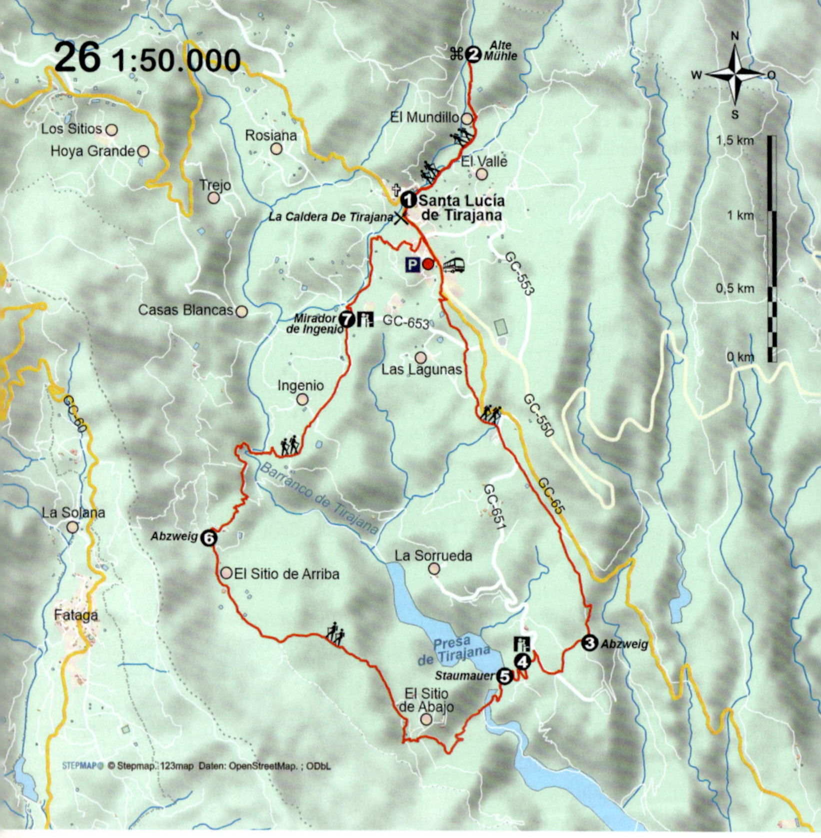

Blumen ablenken, damit Sie den Abzweig unterhalb der letzten Häuser nicht verpassen. Ein ziemlich verblichenes Schild weist den Weg nach links ins Tal der Mühlen. Oberhalb des Ortes befinden sich bereits die ersten beiden aufgelassenen Mühlen am Wegesrand. Auf einem Wanderpfad absolvieren Sie die letzten 500 m von El Mundillo bis zu den verlassenen Mühlen.

⌘ An einem aufgelassenen Häuschen endet der Kulturwanderweg ❷. Nutzen Sie die Chance und schauen Sie sich ein wenig um. Der Ort gibt einen guten Einblick in das mühsame Leben der Einwohner der Bergregionen. Auf der gegenüberliegenden Hangseite befindet sich die Ruine der Sankt-Anna-Mühle.

Der Rückweg nach Santa Lucía de Tirajana verläuft auf der gleichen Strecke wie der Hinweg. Zurück in Santa Lucía de Tirajana überqueren Sie erneut den Dorfplatz ❶ und folgen der Hauptstraße nach links bis zum Ortsausgang.

Das kleine Städtchen Santa Lucía de Tirajana liegt östlich der höchsten Gipfel Gran Canarias. Nicht selten können Sie auf dieser Wanderung ein besonderes Wetterphänomen bewundern. Während es nur wenige Kilometer weiter nordwestlich regnet, stauen sich die Wolken am Kamm rund um den Morro de la Agujereada und in Santa Lucía de Tirajana scheint die Sonne.

Im Ort gibt es entlang der Straße drei kleine Supermärkte, wo Sie sich perfekt mit frischem Obst und Getränken versorgen können.

Am Abzweig der GC-550 steigen Sie nach rechts über die Leitplanke und queren parallel zur Straße einen großen Platz an dessen Ende Sie scharf rechts in eine Straße einbiegen. Bereits nach 50 m verlassen Sie die Straße an einem Abzweig nach links und folgen dem oberen linken Pfad (Verbotsschild für Motorräder). Die Häuser werden weniger und der Weg führt in Sichtweite zur GC-65 in Richtung Küste. 380 m nach dem Abzweig queren Sie die GC-653. Nach weiteren 650 m treffen Sie auf die GC-651, folgen ihr etwa 250 m nach rechts und verlassen Sie geradeaus auf einen Pfad. Etwa 1,4 km verläuft der Weg ohne großen Höhenunterschied durch bodennahe Vegetation bis zu einem Abzweig ❸. Vor Ihnen erhebt sich ein Felskamm, der wie eine Haifischflosse aus der Erde ragt.

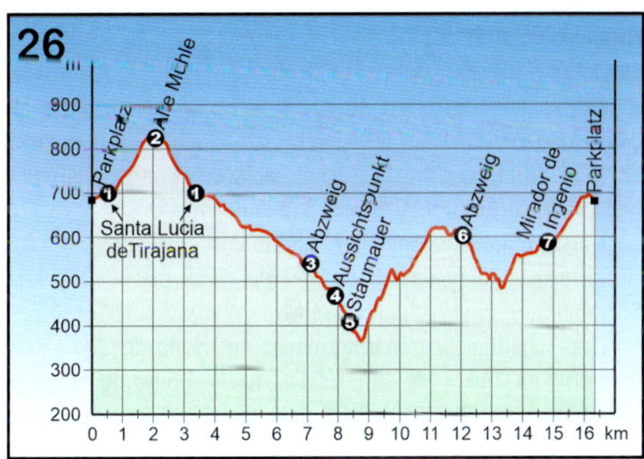

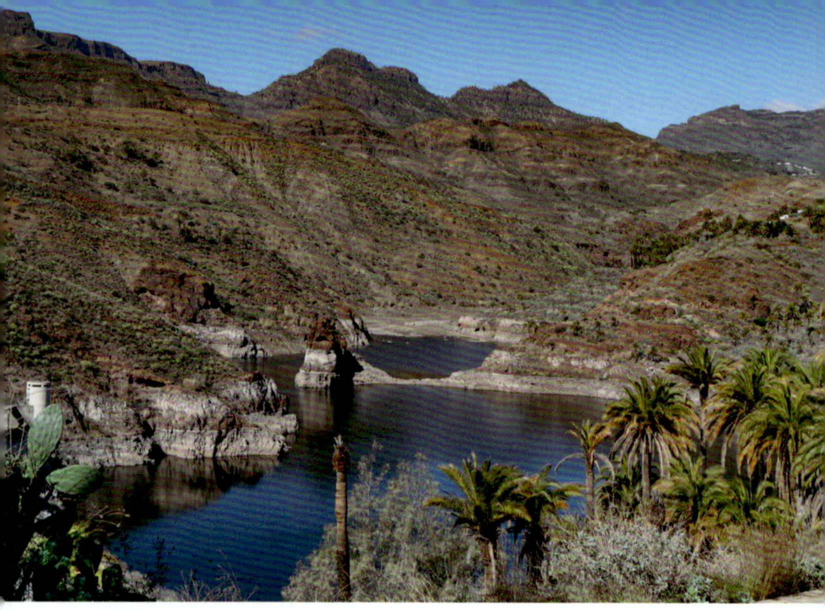

Stausee Presa de la Sorrueda

☺ Der Fortaleza de Ansite ist ein Überbleibsel der vulkanischen Vergangenheit Gran Canarias. Einige Höhlen in den Wänden des Felsens erinnern an die frühere Nutzung durch die kanarischen Ureinwohner. Ein Parkplatz am Fuß des Felsens dient als Ausgangspunkt für schöne Wanderungen und den Besuch des Fortaleza de Ansite.

Der spannende Felsen ist jedoch nicht Bestandteil dieser Wanderung. Daher biegen Sie am Abzweig nach rechts ab. Nach 400 m treffen Sie erneut auf die GC-651 und folgen ihr für 220 m nach rechts. Anschließend biegen Sie links ab und erreichen nach 130 m den Aussichtspunkt Mirador de la Sorrueda ❹. Sie wandern am Aussichtspunkt vorbei und gelangen in vier Kehren zum Stausee von Tirajana. Palmenhaine am Ufer des Sees machen die Gegend rund um die Staumauer zu einer echten Oase ❺.

Eine schattige Begrenzungsmauer unterhalb der Staumauer bietet sich zum Pausieren an, bevor Sie den Aufstieg nach El Sitio de Abajo in Angriff nehmen.

Nach einem Anstieg, 1,2 km nach dem Erreichen des Stausees, haben Sie die kleine Siedlung erreicht. Da der eigentliche Wanderpfad vom Stausee hinauf komplett zugewachsen ist, stellt die kaum befahrene Betonstraße die bessere Alternative dar. Bei den ersten Häusern der Siedlung bleiben Sie auf der Straße und folgen ihr bis zu einem kleinen Wasserspeicher. Auf der Mauer des Speicherteichs führt der Weg nach rechts. Den Abzweig nach Pasito Alto lassen Sie links liegen und wandern durch den Ort mit seinen urigen Häuschen. Neugierige Blicke der Einwohner signalisieren, dass der Weg nicht allzu häufig begangen wird. Rund 1,2 km nach der Ortschaft treffen Sie auf einen Querweg und gehen nach rechts weiter. Nach weiteren 800 m kommen Sie in die nächste Ortschaft, El Sitio de Arriba. Bei den letzten Häusern der versprengten Siedlung kommen Sie an eine Weggabelung ❻. Nach links führt der Weg bergauf, Sie aber folgen dem rechten Weg bergab. Anschließend führt Sie der Weg durch eine 90°-Kurve, in deren Anschluss Sie geradeaus auf eine Einfahrt zuwandern. Unmittelbar vor der Einfahrt zweigt ein schlecht erkennbarer Pfad nach links ab.

 Der GPS-Track hilft hier enorm!

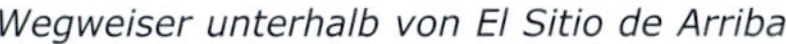
Wegweiser unterhalb von El Sitio de Arriba

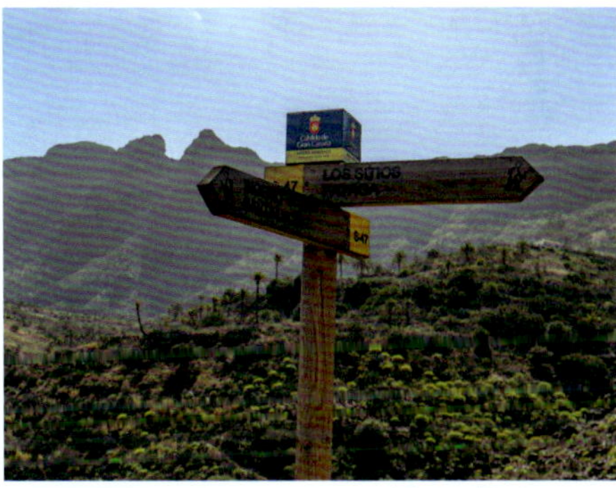

Der Pfad führt Sie hinab in den Barranco. An der Abbruchkante der Schlucht führt der Weg nur schwach erkennbar bis zu einem Wegweiser. Nach rechts führen Wasserleitungen in den Barranco hinab und es ist ein Pfad erkennbar, der den Leitungen zu bewohnten Aussteigerhöhlen folgt. Sofern Sie nicht zu Kaffee und Kuchen eingeladen sind, sollten Sie aber auf dem Weg nach links oberhalb der Klippe bleiben. Ab einem Wegweiser führt ein besser zu erkennender Pfad in die Talsohle des Barranco hinab. Am tiefsten Punkt folgen Sie dem Weg hinauf zu einem kleinen Häuschen. Lassen Sie sich von dem „Privat"-Schild nicht abschrecken, da der Weg direkt vor dem Haus wieder nach links führt. An einem weiteren Abzweig unmittelbar nach dem Haus folgen Sie dem weniger gut erkennbaren Pfad nach rechts aus dem Barranco hinaus. Oberhalb der Schlucht folgen Sie ab El Ingenio der wenig befahrenen GC-653 bis zum Mirador de Ingenio ❼.

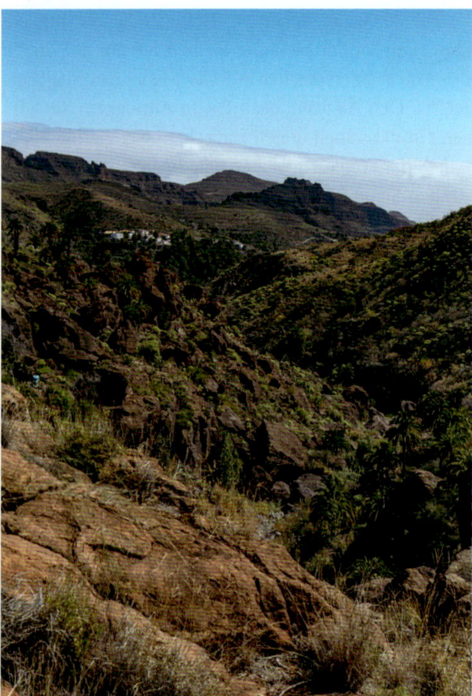

Blick in den Barranco

Am Aussichtspunkt Mirador de Ingenio haben Sie einen letzten tollen Ausblick auf das palmenbewachsene Tal.

Hinter dem Aussichtspunkt führt der Weg nach links. Eine Kehre weiter unten folgen Sie der Straße nach rechts in Richtung Casa Rural und nach 500 m kommen Sie an ein weiteres Hinweisschild zum Casa Rural. Hier biegen Sie rechts auf einen Pfad ab. Der Pfad führt Sie durch drei enge Kehren hinauf an den Ortsrand von Santa Lucia de Tirajana. Nach 300 m beschreibt der Pfad eine 90°-Kurve nach links und trifft auf die Calle la Montañeta. Der Straße folgen Sie für 100 m durch eine Rechtskurve bis zu einer Gabelung, an der Sie rechts abbiegen. Nur wenige Meter weiter halten Sie sich links und erreichen nach 30 m die Calle Juan del Río Ayala. Folgen Sie ihr für 110 m nach links bis zur Hauptstraße. An dieser gehen Sie nach rechts und beenden die Wanderung auf der bereits bekannten Strecke zurück zum Ausgangspunkt.